30秒看世界

110852779

30秒认识大脑

[英] 克莱夫·吉福德 著

[英] 韦斯利·罗宾斯 绘

[英] 安尼尔·赛思 顾问

任洁 译　马向涛 审校

中信出版集团 | 北京

图书在版编目（CIP）数据

30 秒认识大脑 / (英) 克莱夫 · 吉福德著 ; 任洁译
. -- 北京 : 中信出版社, 2019.7
(30 秒看世界)
书名原文 : Human Brain in 30 Seconds
ISBN 978-7-5217-0732-8

I. ① 3… II. ①克… ②任… III. ①大脑 - 少儿读物
IV. ① R338.2-49

中国版本图书馆 CIP 数据核字（2019）第 116904 号

30秒认识大脑

著　　者：[英] 克莱夫 · 吉福德
译　　者：任洁
出版发行：中信出版集团股份有限公司
　　　　（北京市朝阳区惠新东街甲 4 号富盛大厦 2 座　邮编　100029）
承 印 者：北京利丰雅高长城印刷有限公司

开　　本：787 mm × 1092 mm 1/16　　印　　张：5　　字　　数：60 千字
版　　次：2019 年 7 月第 1 版　　印　　次：2019 年 7 月第 1 次印刷
京权图字：01－2018－7505　　广告经营许可证：京朝工商广字第 8087 号
审 图 号：GS（2018）5921 号
书　　号：ISBN 978－7－5217－0732－8
定　　价：460.00 元（全 20 册）

图书策划：见识城邦
策划编辑：肖雪　程时音　　责任编辑：卢建勇　曲沛然　于贺
营销编辑：杨璞　　装帧设计：象上设计
责任印制：刘新蓉

30秒认识大脑

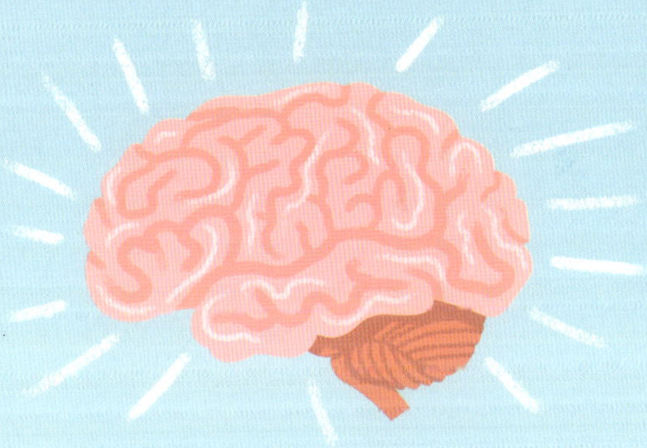

目录

序

60秒介绍

我们身体大部分器官都只是用来完成一种任务的。例如，心脏是一个强有力的泵，它驱动着血液在体内循环。相比之下，大脑却是一个奇迹，它能同时处理多项任务！

首先，它几乎控制着身体的所有部位，每当运动的时候，它都会向肌肉和关节发出指令。它监视并控制着身体各系统的运作情况，比如呼吸的速度和心率。

大脑也处理着各个感官源源不断发送过来的大量信息。它对接收到的信息进行过滤、组织并做出反应。聪明的大脑会使你在几个月或几年之后，依然能想起储存在记忆中的情境、事实以及技能。它还能使你对事件迅速做出反应，进行思考并做出决定，去提前计划和解决问题，并以各种不同的方式来积累知识。

而且它几乎无时无刻不在做着这些事情，甚至在你睡觉的时候它都不曾有丝毫懈怠！

这本书会通过一系列令人兴

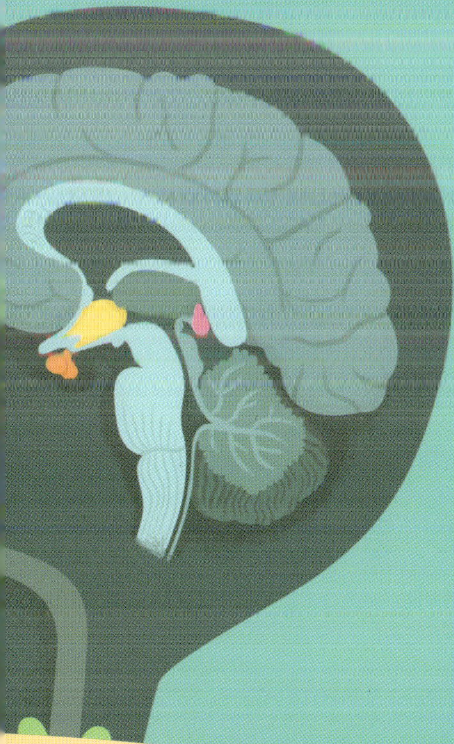

奋的话题来撩动你和你的大脑。它研究的是在大脑中发生了什么，它是如何工作，又是怎样处理和储存信息的，以及它是如何帮助我们成为我们自己的。

每一个主题都只有短短两页，你可以斟字酌句，也可以一目十行，每个主题都有一个简要的总结，以便在最短的时间内将最重要的事实传递给你。书中大量的插图也使这些信息变得更加通俗易懂。

本书中的活动和实验将引导你扮演一名侦探来探索大脑的功能。正如诺贝尔奖得主、科学家大卫·H.胡贝尔形容的那样：世间万物没有什么能与大脑相提并论。

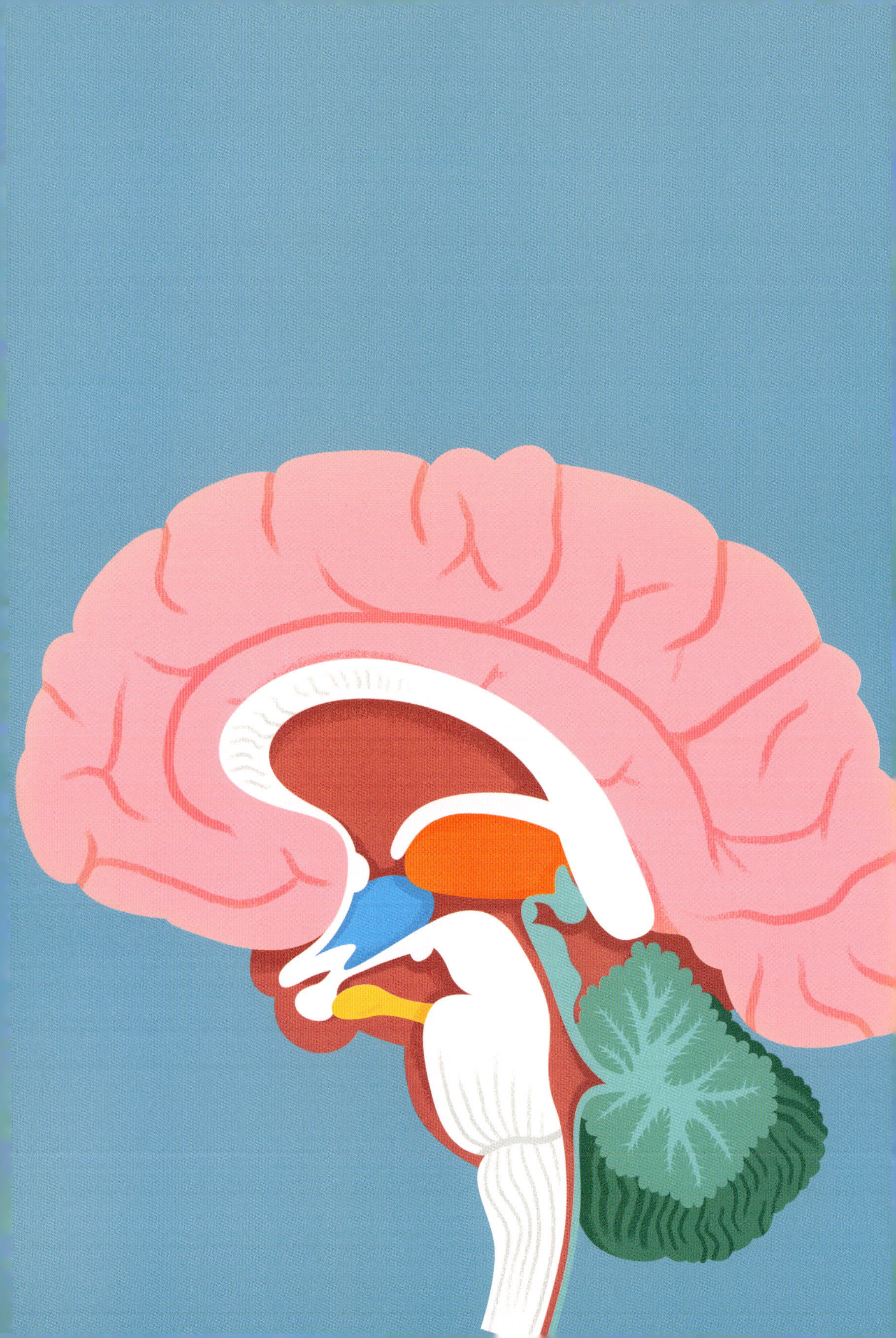

认识大脑

你所做、所想、所感受到的每一件事，以及所有使你活下去并且茁壮成长的身体部位，都是由这些看起来有点像菜花的灰白色物体所控制的。大脑重约1.4千克，这大约是黑猩猩大脑重量的3倍，或是狮子的5倍多。我们的大脑从外表上看起来可能平淡无奇，但却是一个使你得以开展各种活动的、需要精心呵护的、奇特的动力来源。

保护大脑

30秒大揭秘

思考有时候是很难（hard）的，但是大脑却是柔软（soft）而湿润的。它有点像豆腐或是果冻。柔软的东西暴露在外的时候很容易损坏，但幸运的是，大脑有许多保护层。

大脑位于一块巨大的颅骨内。颅骨由8块被统称为头盖骨的骨头，连同面部的骨头一起组成。三层叫作脑膜的组织将脑包裹起来，而最外层的硬脑膜尤其坚韧，它们一起帮我们把脑组织保护起来。

大脑始终处于游泳的状态。它漂浮在大约130~150毫升的脑脊液中。这些液体就像一个减震器一样使大脑得到缓冲，也使脑部变得更轻。这样的话，1.4千克的重量就不会全部压在脑干上了。

你的大脑可以很好地抵御轻微的碰撞和撞击，但是猛烈的冲击可能会导致头骨破碎，碎片会刺破脑膜，进而撕裂脑组织，导致脑损伤。这就是为什么在骑自行车或玩滑板时，最好还是戴上头盔。

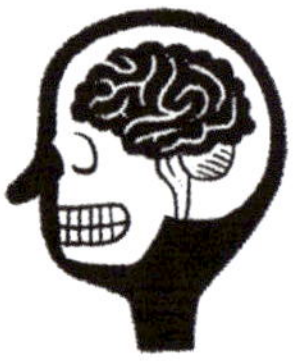

3秒钟总结

颅骨、脑膜和脑脊液保护着你的大脑。

3分钟任务

鸡蛋脑袋

你需要：两个鲜蛋、两个不漏水的塑料容器和水

想象一下，每个鸡蛋都是一个大脑。在每个容器中放入一个鸡蛋，并在其中的一个容器里注满水，用盖子将两个容器盖紧。从相同的高度把容器扔到地上，一个鸡蛋可能会碎掉，但另一个应该没什么事，为什么？

（答案在78页）

为了防止损伤，大脑会受到层层保护

真是太聪明了！戴头盔能够保护大脑，这样你就可以尽情享受了

主要结构

30秒大揭秘

最初，你的脑组织只是一个由少量细胞构成的微小管状结构，但是当你在子宫中发育时，脑组织会迎来一次生长高峰期。到你可以读这本书的时候，你的脑组织已经是一个拥有数十亿细胞并且具有高度复杂功能的器官了。以下就是脑组织的主要结构。

大脑是脑组织中最大的部分，它贮存着你所有的记忆，控制着你的思维和行动。大脑有一个凹凸不平的表层，我们称之为大脑皮层。如果将所有的折痕和皱褶都展平后再进行测量，那么大脑皮层的面积大概有1.5米 × 1.5米——相当于一张小号的野餐毯。这些褶皱使得更多的脑内物质得以装入颅骨内部，使得人类比其他生物拥有更强大的处理能力。

小脑的职责众多，比如可以帮助你计算出你到其他物体的距离，控制并协调你的平衡与运动。如果没有它的话，你在试着站起来的时候就会摔倒。

小脑的前面是丘脑，它在脑组织内起着交通管制员的作用，负责对从身体和感官传递到脑组织不同部位的大量信息进行过滤和引导。

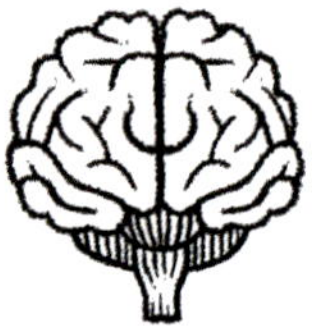

3秒钟总结

脑组织被分成许多部分——最大的一部分就是大脑。

小知识

脑干

除了将脑组织和身体的其他部分通过神经系统连接起来，脑干每天还执行着十分重要的任务——通过控制许多你认为理所当然的身体功能，比如呼吸、心跳、消化和血压——使你一直活下去。

脑组织的每个部分都各司其职

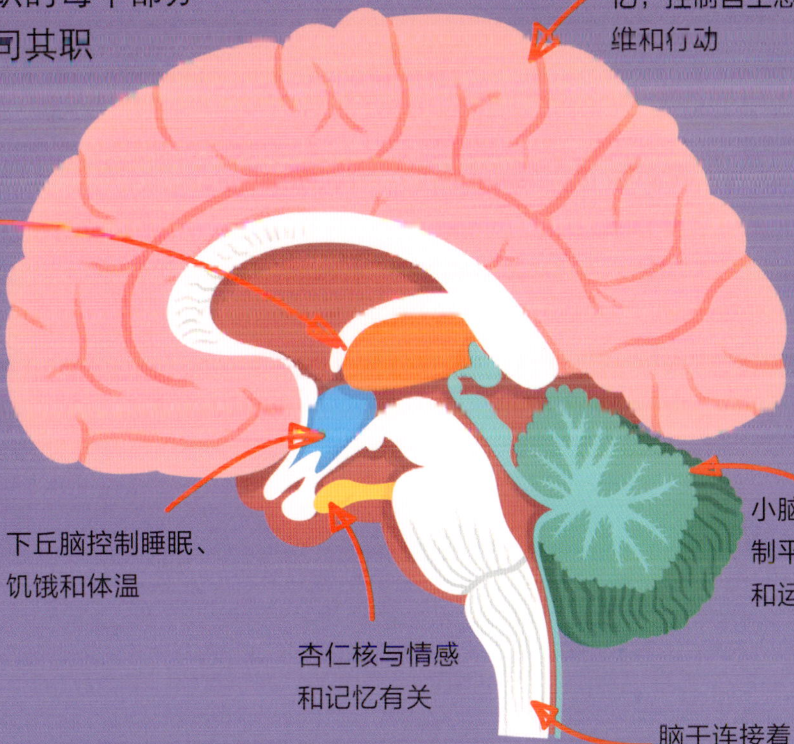

大脑分叶

30秒大揭秘

科学家将大脑分成四个区域，而它们就是我们所说的脑叶。虽然这些脑叶经常一起工作，但它们各自也有着自己的特殊任务。

额叶是你进行深度思考的地方。它负责分析、思考和解决问题，并支配你的自主动作，比如捡起钢笔。

颞叶负责处理听觉信息，且与记忆的形成有关。它帮助你识别、记忆声音还有其他体验，同时它还让你可以理解语言。

顶叶处理着来自触觉以及身体关节和肌肉部位的位置信息。它也帮助你集中注意力，这样你就可以在听你父母说话的同时，忽略掉家里其他人的闲聊。

位于大脑后面的枕叶是脑组织中主要的视觉中枢，它的作用包括辨别颜色、运动以及识别物体。

3秒钟总结

大脑的四个脑叶负责不同的工作。

3分钟任务

指出脑叶部位

和朋友一起学习不同脑叶的位置。

1. 选一个人做裁判，裁判负责喊出脑叶的名称。
2. 参赛者在自己的头上摸出对应脑叶的位置。
3. 裁判来决定谁是最后一名——他就出局了。然后继续玩，直到只剩下一个人——那个人就是胜利者！

四个脑叶各自执行着不同的功能

大脑半球

30秒大揭秘

大脑由两个半球组成。左半球和右半球由一簇称为胼胝体的神经束连接在一起。每天有数亿个信号在两个半球之间穿梭。

这两个半球的相似之处是各有四个脑叶，但它们的分工又不完全相同。比如，对大多数人来说，语言与思维能力大部分是由左半球来控制的。

真正奇怪的是大脑半球分别控制着对侧的身体。因此当你用右脚踢球的时候，控制腿部运动的是你的左半脑。

大多数人都有一个优势侧。大约90%的人以右手为主，而大约70%的人以使用右眼为主。有些人对身体部位的使用偏好则表现为混合型，所以他们在书写时可能喜欢用左手，而在使用望远镜观察的时候更喜欢用右眼。

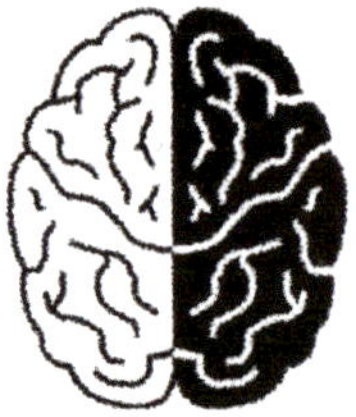

3秒钟总结

你的大脑有左右两个半球，每一个半球都控制着身体的对侧。

3分钟任务

优势侧检验

你需要：视线能穿过的管子（例如卷纸芯）、硬币和至少一位朋友

让朋友通过管子来看地上的硬币，然后放下管子，并用一只脚来踩硬币，最后用手把硬币捡起来。注意一下他（们）完成这三项任务的时候使用的是哪只眼、哪只手和哪只脚。他（们）做每件事用的都是同一侧吗？在更多人身上再试试看。

左右大脑半球都向身体的对侧发送信号

在大脑下面会看到胼胝体，它将两个半球连接在一起，并使得它们可以共同去完成许多任务

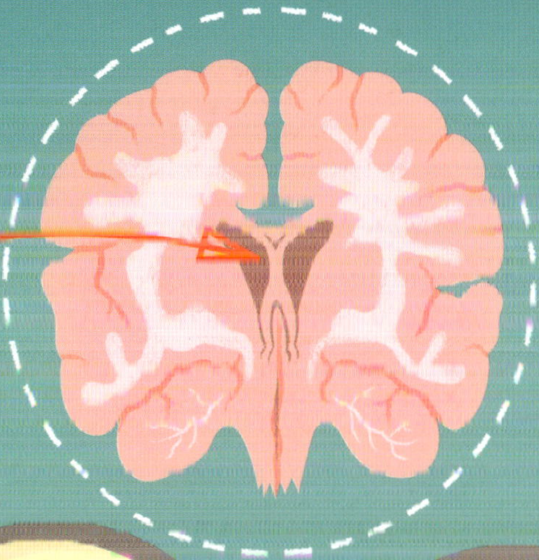

大脑成像

30秒大揭秘

科学家们对于大脑进行了几个世纪的研究。其中有些人曾经通过尸体解剖来对其内部进行细致的探究。现在，科学家采取的研究方法已经有了质的飞跃。例如，某些神奇的影像学设备在看到脑组织内部构造的同时还能够拍照。

计算机断层扫描（CT）仪用大量的X射线从各个角度来扫描脑部。计算机通过处理这些图像来逐层构建脑组织的数字化图片。然后这些图像就可以转换成一个三维的脑组织模型。

磁共振成像（MRI）扫描仪使用的是巨大的电磁铁，它们可以探测到脑组织周围的血液流动。当脑组织的某个部分更加活跃的时候，就会需要更多的氧气，所以更多的血液也会流向那边。使用磁共振成像对血流量的增加进行定点检测，可以让科学家和医生检测到更详细的脑活动细节。它使科学家能够绘制出脑部的地图并搞清楚不同部位的分工情况。

另一种测量大脑活动的方法是脑电图（EEG）。脑电图仪测量的是大脑中的电活动模式。

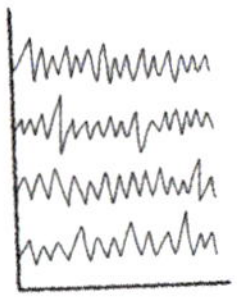

3秒钟总结

不同的机器都能够对脑部进行成像，并且可以测量出各种脑活动发生的部位。

小知识

10%的神话

有些人认为我们只使用了10%的脑组织。他们错了！磁共振成像和其他头部扫描显示我们在不同时间里几乎使用了脑的所有部分。脑电图扫描显示，脑组织的生物电活动从未停止过，即使在你睡着的时候也一样。

磁共振成像扫描仪等机器可以检测到脑组织内部的活动

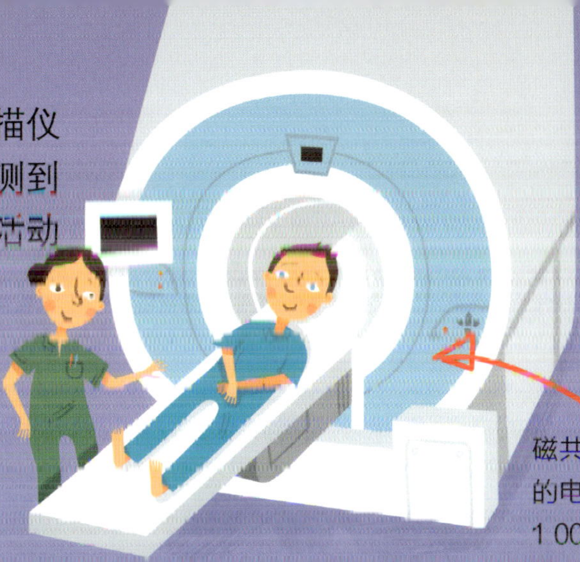

磁共振成像扫描仪的样子像一个巨大的甜甜圈，环绕着人的头部和身体

磁共振成像扫描仪的电磁铁可以重达1 000千克，比大多数汽车都要沉

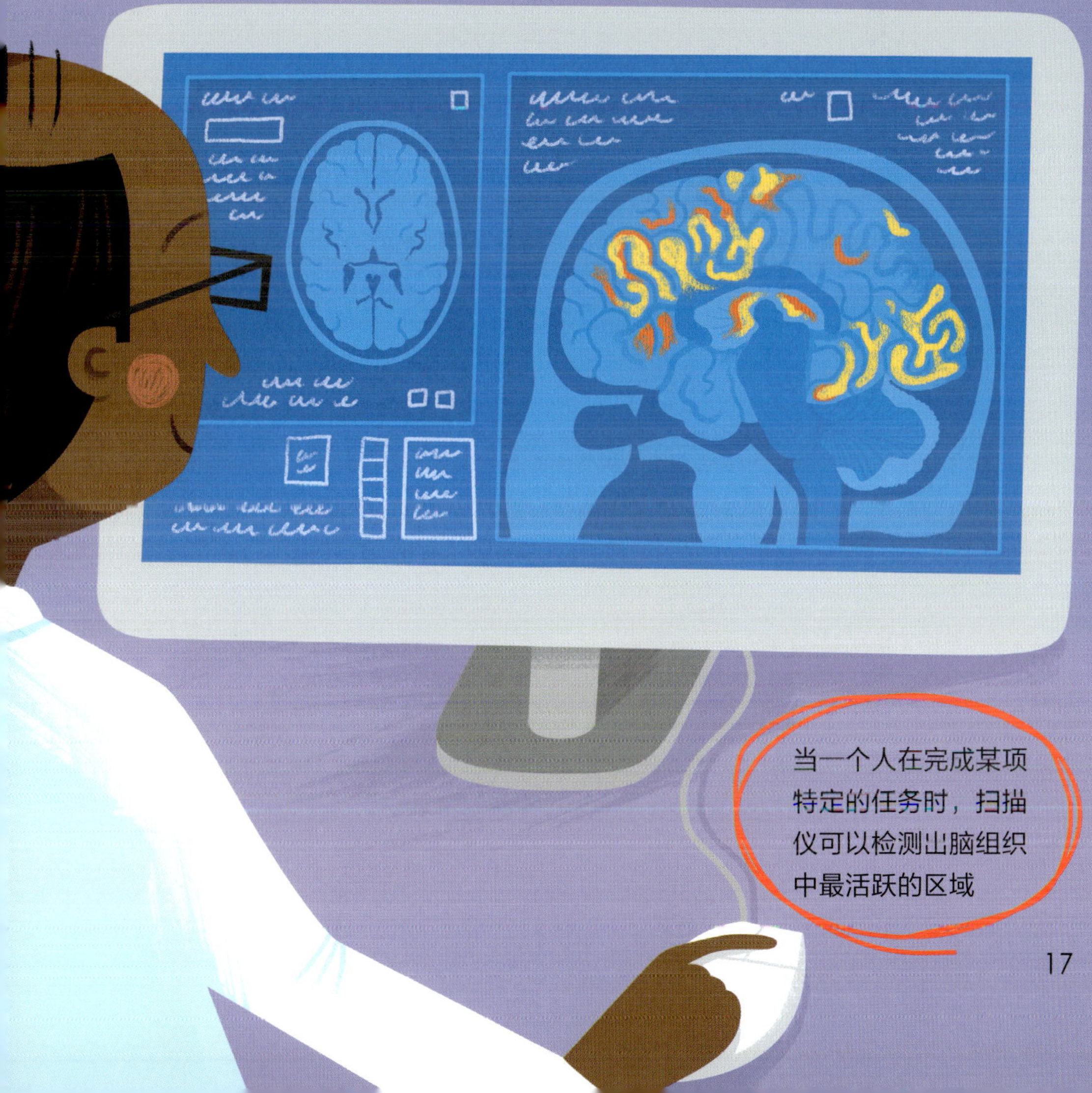

当一个人在完成某项特定的任务时，扫描仪可以检测出脑组织中最活跃的区域

能量供给

30秒大揭秘

由于大脑的工作非常繁重，以至于其产生的能量足够点亮一只12瓦的灯泡。大脑的所有思考工作（以及其他繁重的工作）都要消耗能量。脑组织只占正常人体重的五十分之一，但是它却消耗了身体产生能量的五分之一。

能量以葡萄糖的形式被提供给脑组织，其中葡萄糖可以通过消化系统分解食物产生。血液中的葡萄糖和氧气一起（从食物中释放能量需要氧气）通过血管运送到脑组织，而心脏可以将血液泵入这些血管。

当身体没有处于最佳状态的时候，你的大脑也无法高效运转。睡眠或水分不足都会影响大脑功能。如果血液中的葡萄糖或氧含量显著下降，那么脑组织就可能没有足够的能量来工作，这会导致你在计划、决策和身体的协调上出现问题。如果脑组织在持续10分钟或更长的时间里处于完全缺氧或是缺乏葡萄糖的状态，那么就可能会出现脑损伤。

3秒钟总结

大脑持续不断地在工作，它消耗了身体产生能量的五分之一。

3分钟任务

能量水平

看看能量水平如何影响部分大脑功能。

1. 打开字典，阅读前面20个条目，读完后合上。
2. 从1数到30，写下你记住的所有词语。

你在早上觉得很清醒的时候做一下这件事，然后在晚上疲倦的时候再做一遍。哪个时候你觉得自己表现得更好一些？

氧气与葡萄糖源源不断地通过血液循环滋养着脑组织

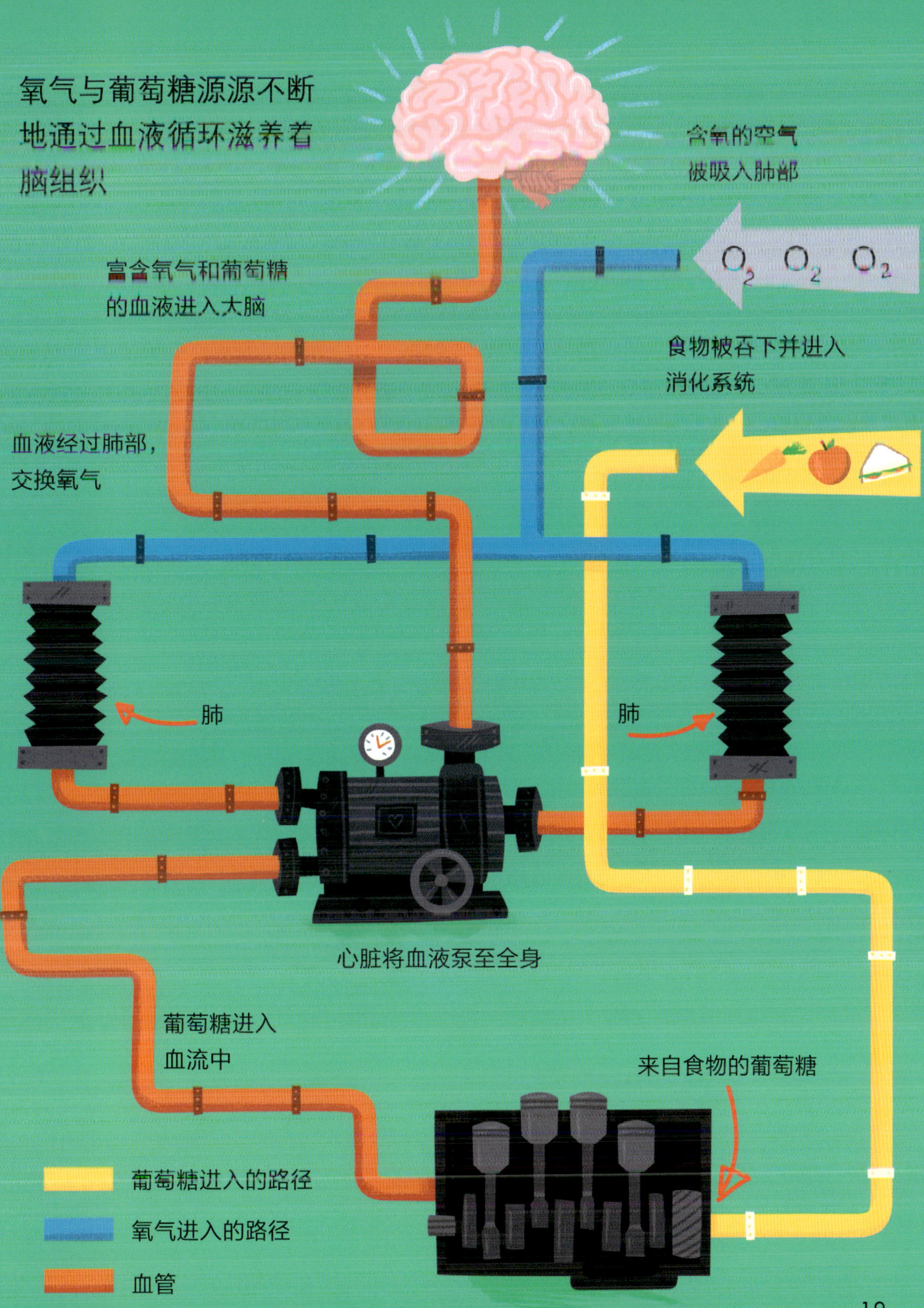

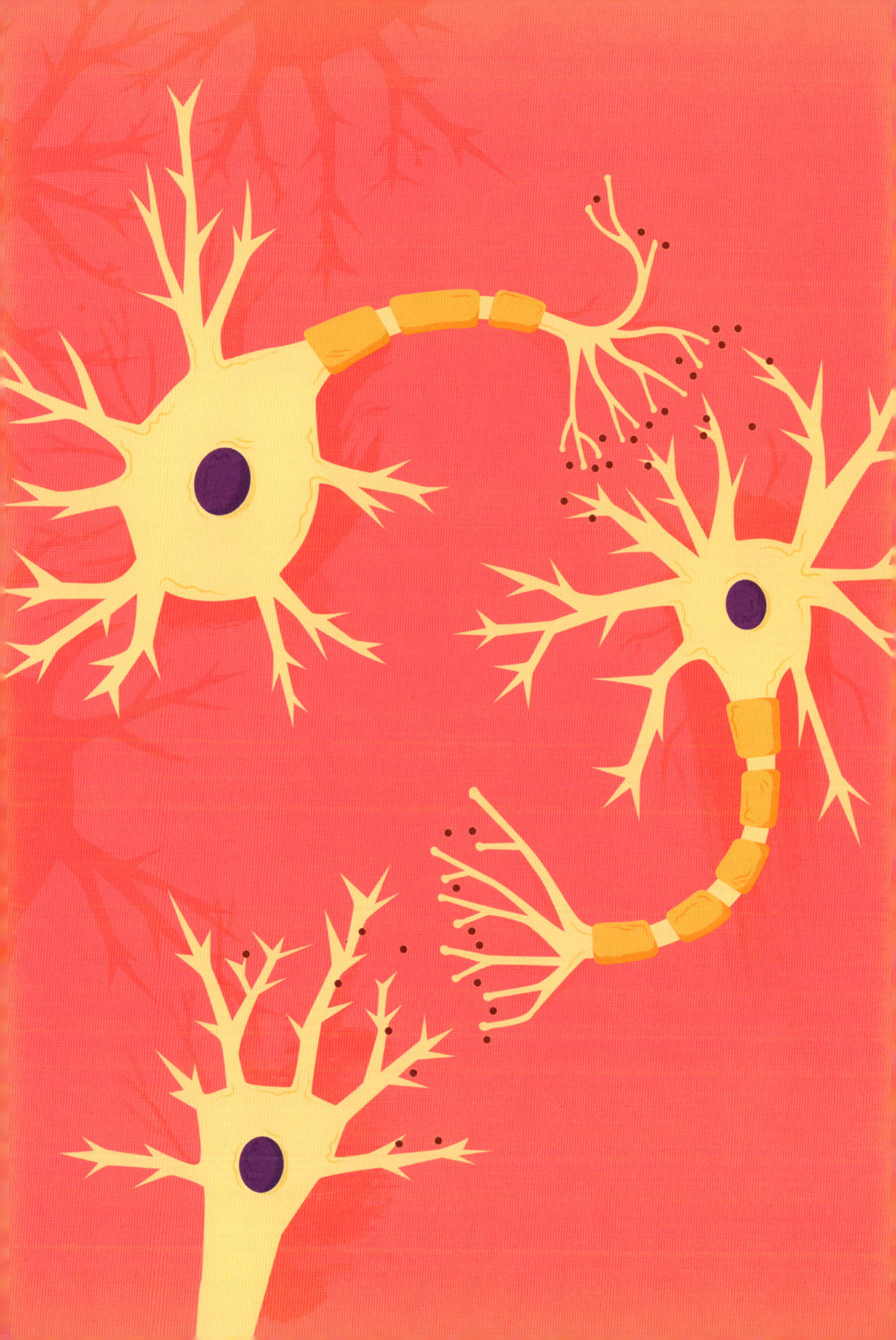

建立连接

大脑的功能极为活跃。不仅大脑中的各部分之间信息往来频繁，彼此间一直保持着联系，而且它们还随时向你的身体发送着指令。你的大脑非常娴熟地接收着来自身体每一个部位的信号并将指令发回去。为了做到这一点，它使用了两种不同的系统——一是血液中的化学物质，二是携带着电信号的神奇神经网络。

发送信号

30秒大揭秘

脑组织中那些聪明、活跃的部分由神经元组成，而它们也被称为神经细胞。它们通过微小的电脉冲的形式收发信息，这些信息即是神经信号或脉冲。这些信号从神经元到神经元的传递速度可达到每小时480千米。

大多数神经元都非常微小。数千个神经元放在一起，其大小也就相当于一粒沙子，脑组织中大约有900亿个神经元。相比之下，你的宠物猫有7.6亿个神经元，而一只田螺的神经元只有11 000个。

神经元可能会挤在一起，但是它们的两端通常互不接触。然而它们之间有一个叫作突触的狭小间隙。从神经元到另一个神经元的神经电信号需要穿过这些突触。它们会在一类叫神经递质的化学物质的帮助下完成这个过程。神经递质会刺激下一个神经细胞继续传递信号。

3秒钟总结

大量的神经细胞在脑组织内部或身体之间传递着信息。

3分钟任务

链式反应

你需要：纸、笔和许多人

1. 让大家站成一排，把每只手都当成一个神经元。

2. 在纸上写下一个信息，把它揉成一团放在最后一个人的手上，作为神经信号。

3. 发出“开始”命令，看看信息能以多快的速度沿着队伍一只手一只手地传递下去，让最后一个人读出这个信息。每只手所传递的都是一个跳跃的突触信号。

我敢说，你们一定没有神经元传递得快！

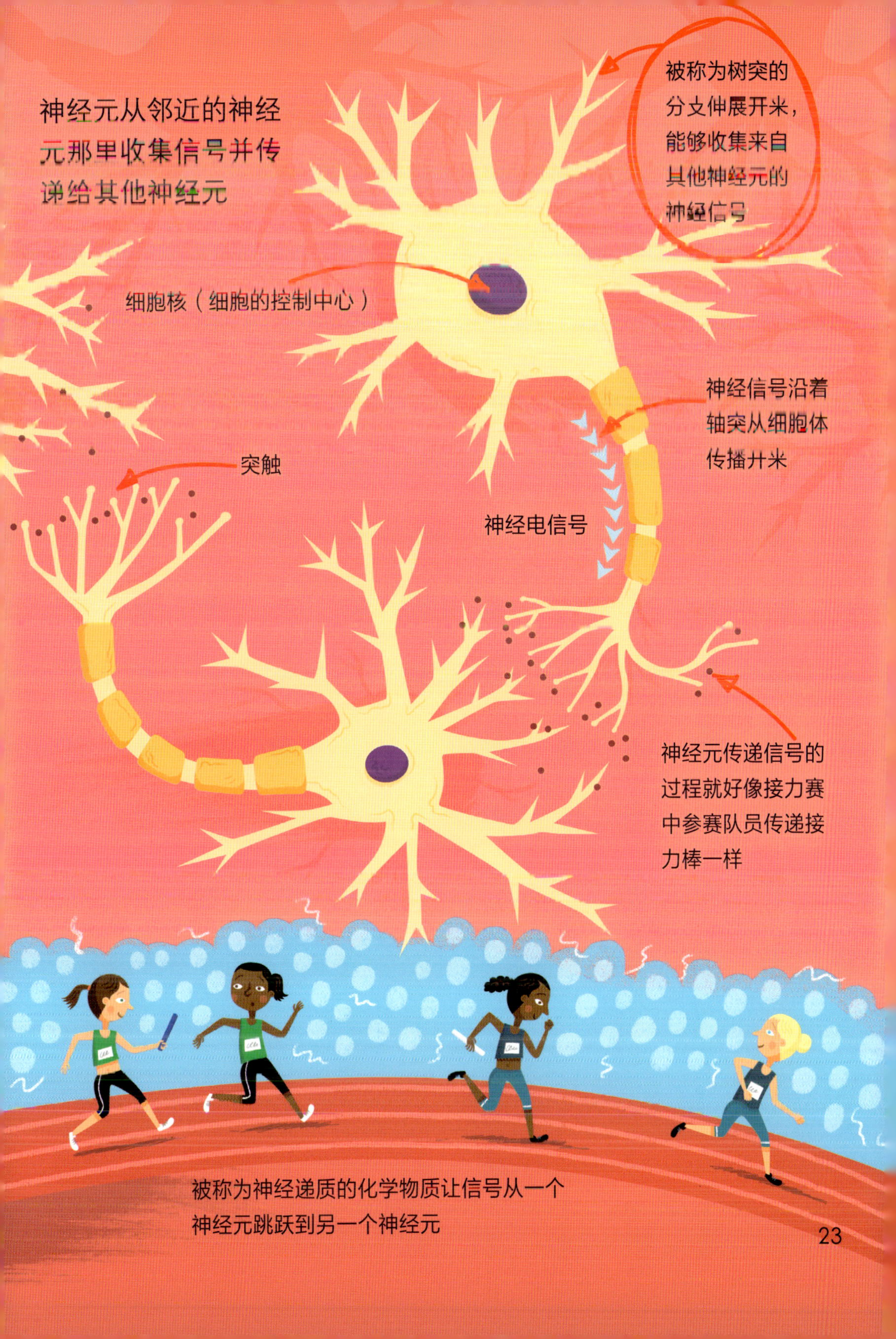
神经元从邻近的神经元那里收集信号并传递给其他神经元
被称为树突的分支伸展开来，能够收集来自其他神经元的神经信号
细胞核（细胞的控制中心）
神经信号沿着轴突从细胞体传播开来
突触
神经电信号
神经元传递信号的过程就好像接力赛中参赛队员传递接力棒一样
被称为神经递质的化学物质让信号从一个神经元跳跃到另一个神经元

建立连接

30秒大揭秘

许多神经元本身与其他的神经元以数千个突触（并非一两个）连接起来。它们一起形成了一个神奇的巨大网络，而这远比计算机的电路要复杂得多。

在进行学习时，大脑通过神经元共享连接而形成了新的连接。学习时，连接也会发生改变，因为这时你记住了一些事情或者学到了新的技能。神经元之间的数以万亿计的联系会使你变得更聪明！

在你的一生中，神经元将不断地进行重新连接。它通过建立新的连接和修剪（打破）旧的连接来做到这一点，现有的连接也会变得越来越强或者越来越弱。当越来越多的信号经由某处连接被重复发送时，连接就会变得更强，例如当你正在练习一种新技能时就是这样。最后，你会精通这项技能，你的神经元也会重新连接，形成和强化连接，从而使你在将来能更容易地重复这项技能。那些一起发出信号的神经元也会连接到一起！

3秒钟总结

尽管神经元在大脑中形成无数的连接，但是它们也不停地发生着变化。

小知识

改变头脑

脑组织在不断地发生变化。在出生前后不久，它长得非常快，每分钟都能形成多达25万个新的神经元。随着年龄的增长，神经元逐渐凋亡，脑组织中的连接数量就会减少。所以在理论上你比自己的父母更聪明！然而，老年人仍有希望：学习新技能有助于在神经元之间建立新的连接，防止大脑功能衰退。

为了学习新的技能，大脑会自我更新并建立新的连接

学习诸如杂耍之类的新技能需要时间，因为脑组织中的神经元要形成必要的连接

信号传输的次数越多，连接就会变得越强，因此练习至关重要

最后，这些连接的强度足以让你轻松地重复这些动作，太棒了！

神经网络

30秒大揭秘

神经细胞不仅存在于脑组织中。它们还形成了一个遍布全身的巨大神经网络。如果将它们连接成一条线，那么脑组织以外的神经纤维有75千米长。

神经是由神经细胞组成的纤维束。它们大小各异，最窄的比一根头发丝还细，而最宽的是坐骨神经，其直径可以达到2厘米。

神经就像是一条单行线，信号只能沿着特定的神经朝一个方向传播，这样它们就不会阻塞另一个方向的信号。感觉神经将信息从身体各部位传回脊髓（也就是沿着你的背部一路向下的那束神经）和大脑。运动神经接到大脑的指令并把它传递给身体的各个部分加以执行。

此外，某些神经会径直进入你的大脑，比如连接眼睛的视神经。然而，大部分神经都是周围神经系统的一部分。这些神经和脊髓相连——脊髓就是神经的高速公路，它可以接收来自脑部的信息，并向脑部反馈信息。脊髓、脑干和大脑一起组成了人体中枢神经系统。

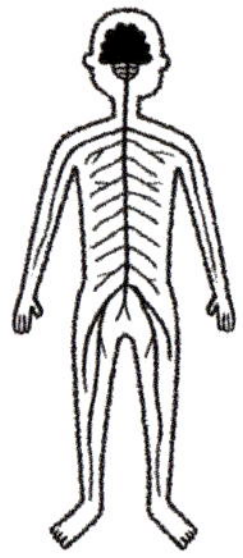

3秒钟总结

中枢神经系统通过一个庞大的神经网络与身体的其他部分连接在一起。

3分钟任务

测试你的反应

你需要：一根30厘米或更长的尺子

1. 让一位朋友抓住尺子的上部。

2. 把你的拇指和食指置于尺子底部的两侧，但不要触碰它。

3. 让你的朋友在不告诉你的情况下松开尺子使其落下。用你的拇指和食指去抓住它。

尺子下落的距离越短，你的反应就越快。0到8厘米：非常快；16到21厘米：平均水平；28厘米以上：非常慢！

就像道路网络一样，神经系统在身体各部与大脑之间传递着信息

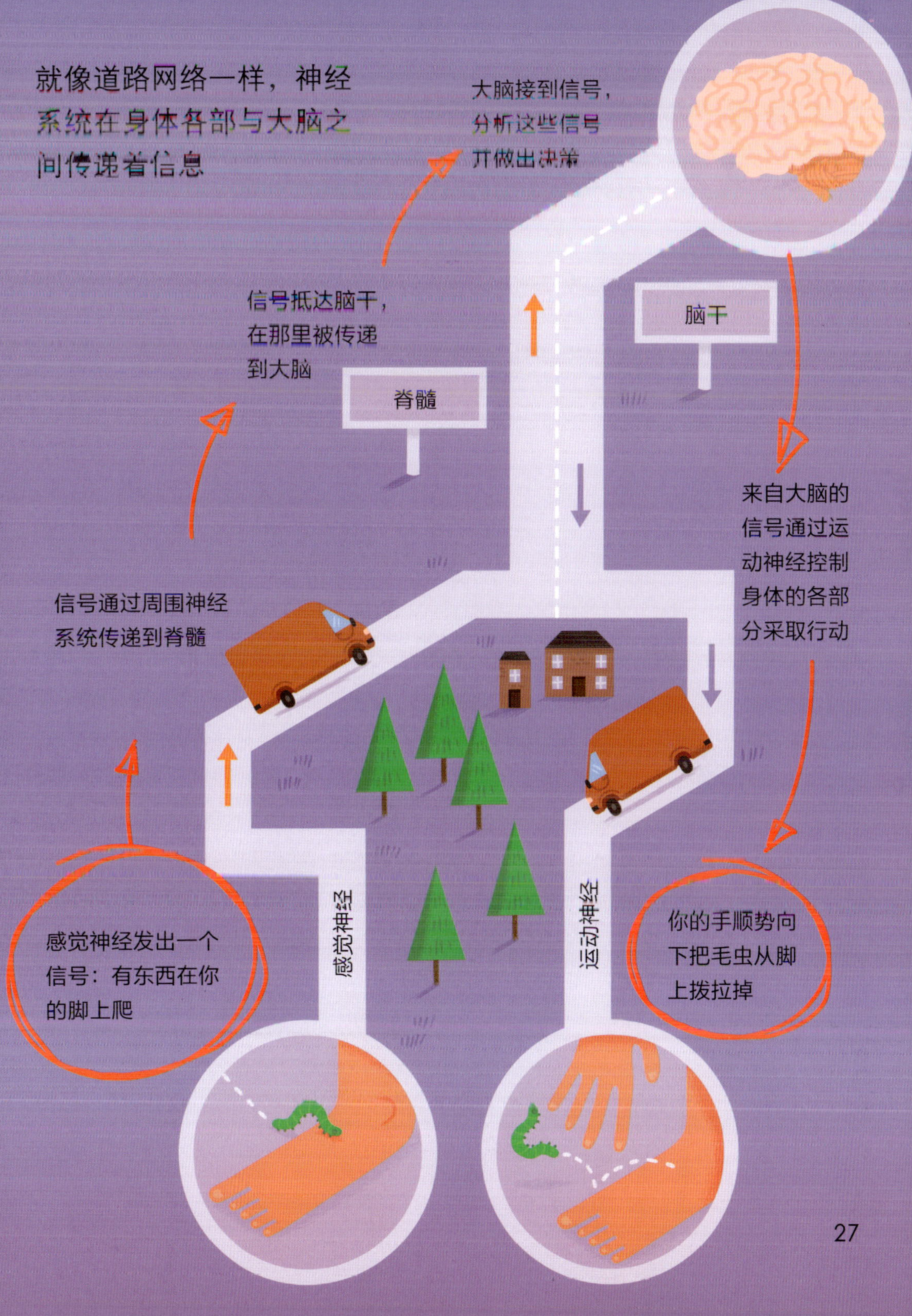

神经反射

30秒大揭秘

对于某个重量如同草莓大小的物体（约35克）来讲，人体的脊髓简直就是一个奇迹。它不仅每秒从脑部和身体那里收发数以百万计的信号，它还负责着一系列没有大脑参与的快速反应，而它们被称为反射行为，或反射。

许多反射动作沿着叫作反射弧的通路将神经信号从身体的某一部分传到脊髓，然后脊髓会发回一个应答信号。这一切的发生疾如闪电——整个过程耗时不到一秒钟。

许多反射对于人体来说像是一个快速的防御系统。你有没有不小心碰过那种很烫的暖气片，或是尖锐的碎玻璃？你的手会不假思索地猛地抽离。这就是你的撤退反射在起作用，这种反射可以保护你免受进一步的高温或疼痛。

其他反射包括咳嗽和喷嚏，两者都可以清除你呼吸道里的灰尘、黏液和其他可能刺激到它们的东西。

3秒钟总结

反射是一种自动反应，通常能够保护我们的身体。

3分钟任务

瞳孔收缩

把房间里的灯光调暗，数到50，仔细观察一个朋友的瞳孔——瞳孔就是使光线得以进入眼底的那个黑圈圈。把灯调亮一点再观察一下，它是变大了还是变小了？

你朋友的反射反应会使瞳孔收缩，以阻止太多的强光进入眼睛，对它造成伤害。

信息通过脊髓传递以便做出快速反应，这就是反射弧

当皮肤碰到仙人掌的时候，它会触发一个感觉神经信号

信号经由反射弧传递到脊髓

运动神经信号命令手和胳膊的肌肉收缩（变短）

手迅速地从触发疼痛的源头抽离

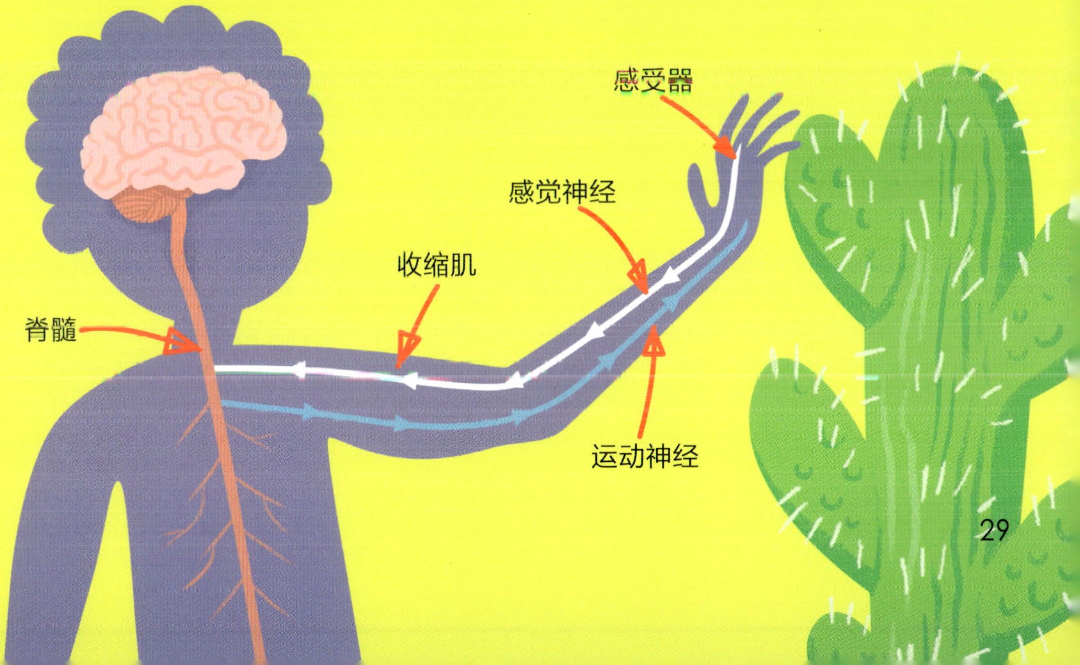

内分泌系统

30秒大揭秘

除了神经系统外，大脑还有另一种与身体沟通的方式——那就是通过内分泌系统。内分泌系统由人体各种腺体组成。内分泌系统能释放被称为激素的物质，并能感知这些化学物质的变化。例如，松果体分泌一种叫褪黑素的激素，它负责调控睡眠与清醒的生物钟。

激素起着化学信使的作用。它们进入血液，并被带到体内，将信息传递到特定的地方。例如，抗利尿激素（ADH）由脑垂体释放，它通过血液流向肾脏，告诉它们应该将多少水分变成尿液。

内分泌系统中最重要的腺体或许只有豌豆大小，重量只有半克。脑垂体产生的激素会传送到其他腺体，告诉它们应该怎么做，而它又会与下丘脑进行沟通。脑部的这一部分控制着你身体的许多系统，帮助你确保一切身体功能的平衡及正常运转。

3秒钟总结

激素是帮助你调控身体的化学信使。

小知识

“领结”腺

甲状腺横跨气管，看起来有点像领结。它能够释放出多种激素，这些激素可以让我们身体的细胞更努力地工作，并以更快的速度消耗能量。

内分泌系统通过腺体及其分泌的激素在脑部和身体间传递信息

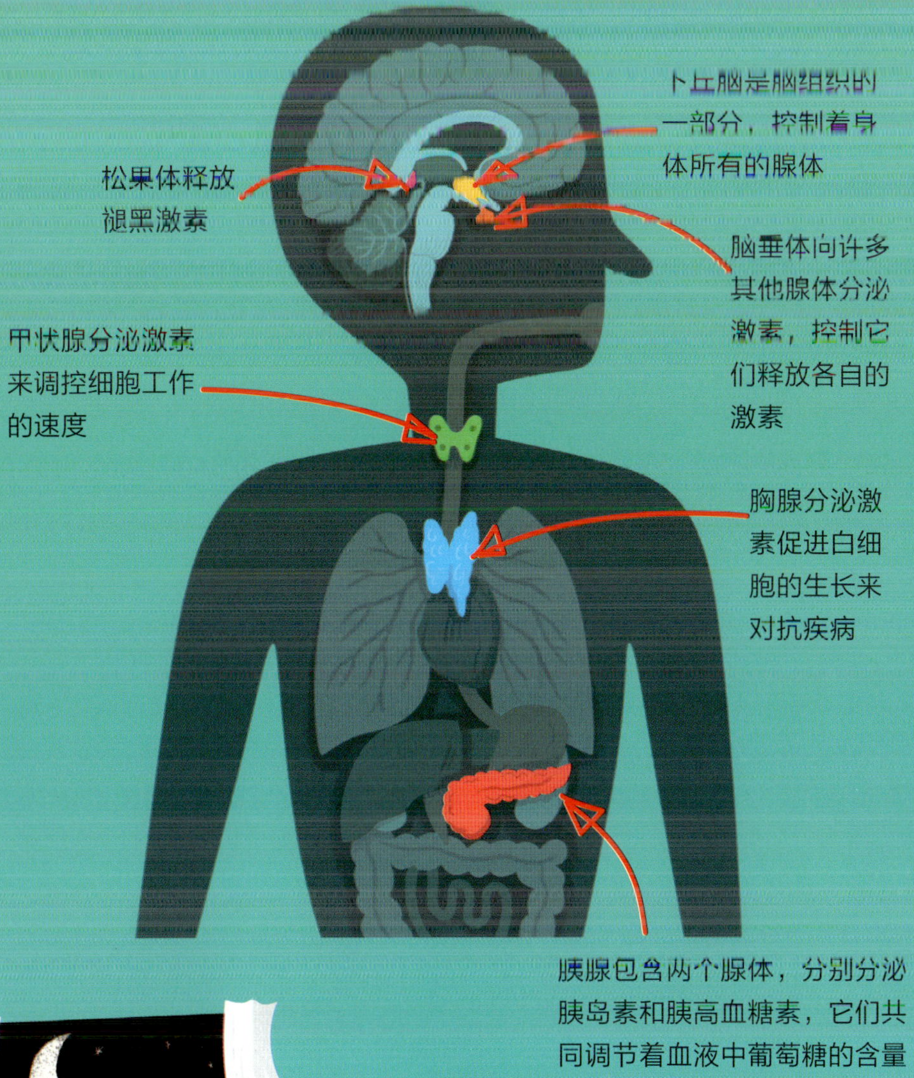

褪黑激素可以帮助身体去觉察“是时候该上床睡觉了”

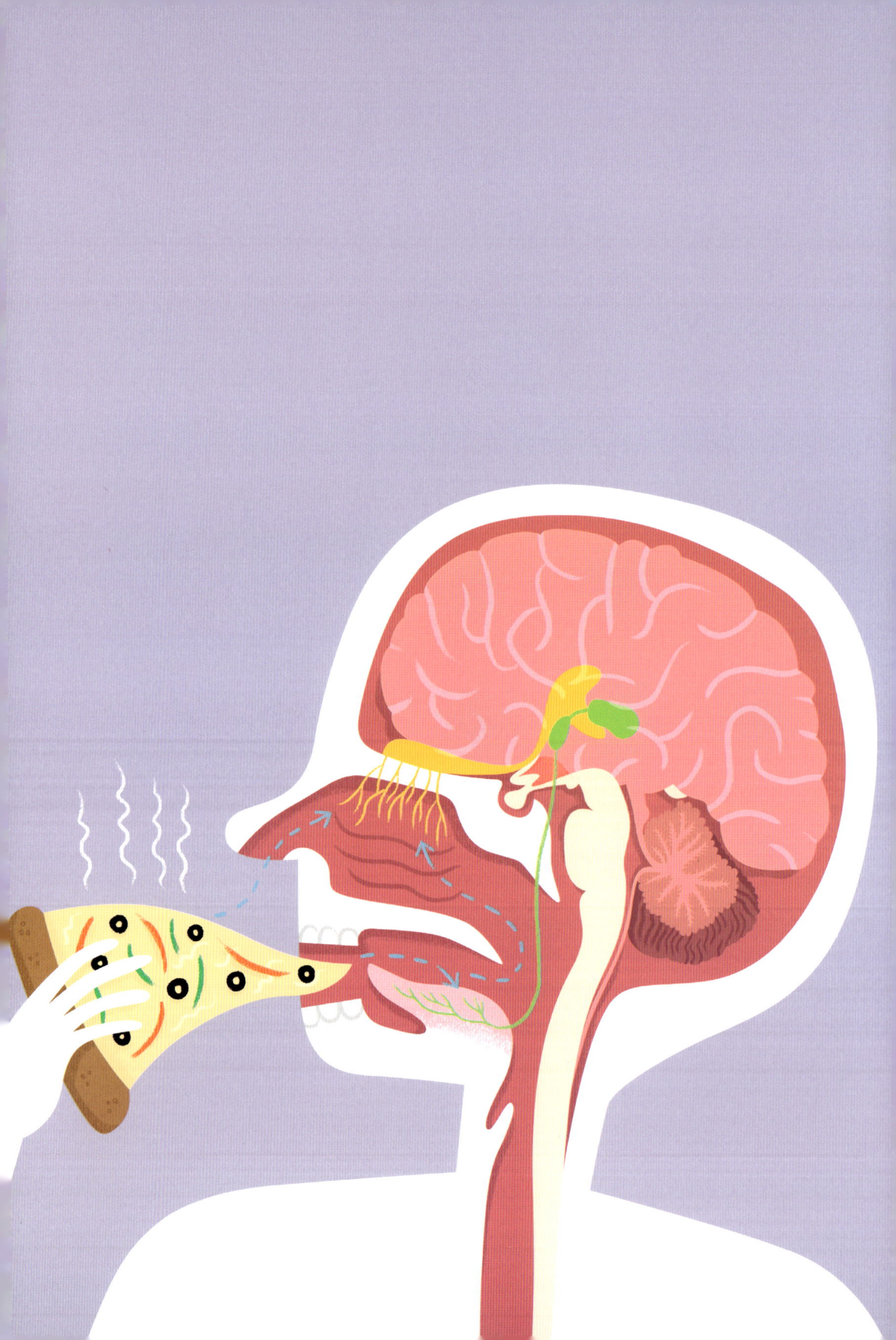

产生感觉

虽然大脑的功能非常强大，但是如果没有感觉，那么它只是又聋、又瞎或又哑！身体的感官为大脑提供了关于外部世界以及人体位置的关键信息。没有感觉，你将无法体验和学习你所做的一切，也无法对过往的事情留下记忆。人体的感觉主要由视觉、听觉、嗅觉、味觉和触觉组成，但你也有其他感觉。

味觉与嗅觉

30秒大揭秘

你那神奇的嗅觉能探测到数以百万计的不同气味——无论是臭袜子还是新烤好的比萨饼。

嗅觉取决于鼻腔内的嗅黏膜，其大小不超过一张邮票。嗅黏膜中包含着数百万根叫作纤毛的小绒毛。它们可以捕获气味分子——空气中产生气味的微小的分子——并提示大脑中的两个嗅球发出信号。

嗅觉通过嗅球直接和大脑相连接。与其他感觉的不同之处在于，这些信号是由同侧大脑半球处理的。所以如果你仅仅用左鼻孔去闻东西，那么左侧半球会来处理这个过程。

除此之外，嗅觉也有助于你的味觉。舌头、颊黏膜以及颚黏膜上分布着数千个味蕾。它们将信号发送到味觉皮层，使你可以探测到五种基本的味道——甜、酸、苦、咸和鲜味（肉类和奶酪中的美妙味道）。大脑通过味觉与嗅觉来辨别食物的味道，所以当你感冒或是鼻塞的时候吃东西就没什么味道了。

3秒钟总结

味蕾和嗅球向大脑发送有关味道和气味的信号。

3分钟任务

辨别味道

你需要：两种质地类似的食物，比如一片梨和一片苹果，或者不同味道的软糖

鼻子可以帮你更好地辨别食物的味道。为了证明这一点，蒙上朋友的眼睛并让他们捂住鼻子，给他们两种类似的食物让他们来品尝。他们能尝出哪个是哪个吗？再让他们使用他们的鼻子。这会产生什么不同吗？后者应该会更容易得到正确的答案。

大脑通过嗅觉与味觉来辨别食物的味道

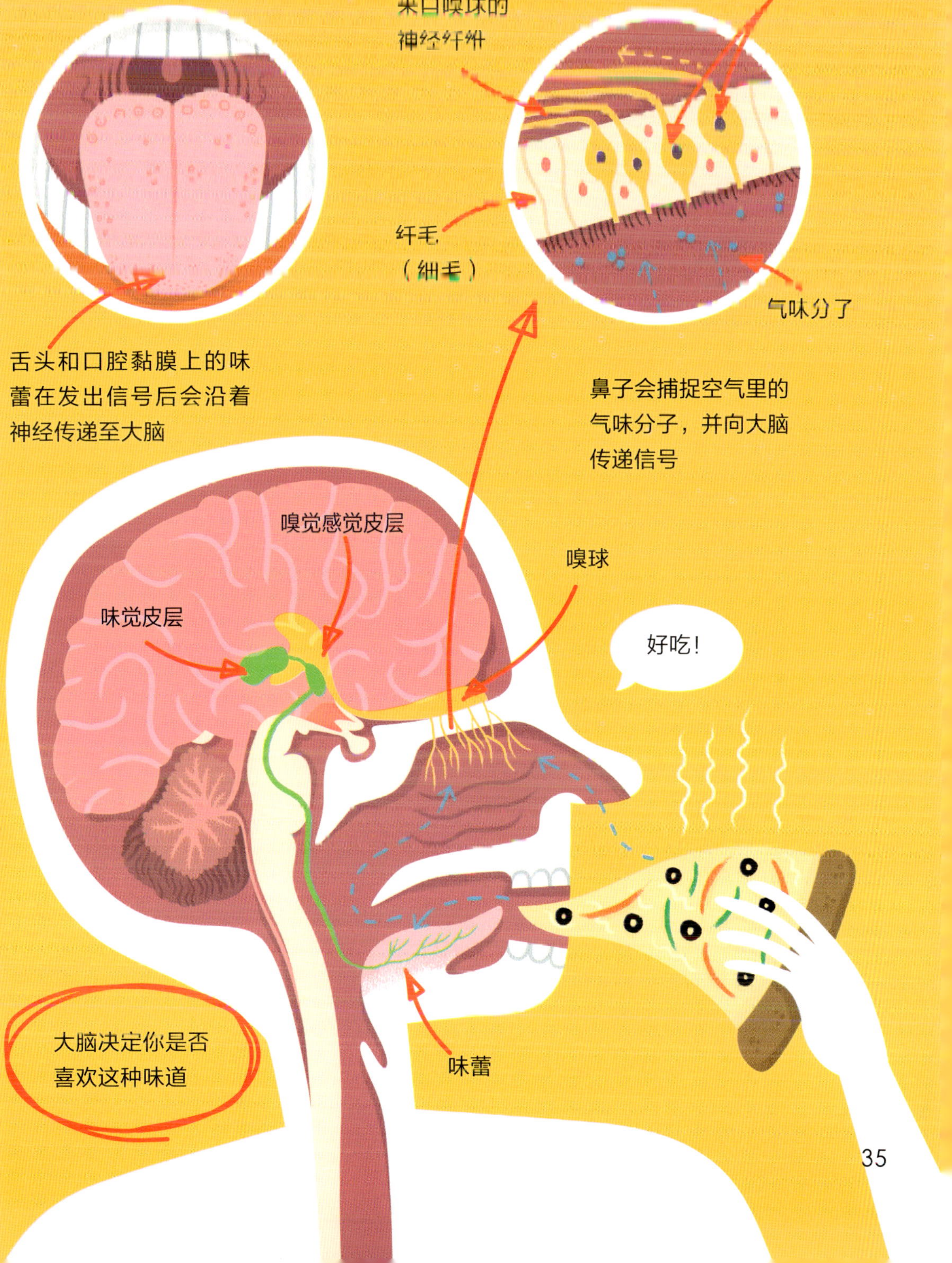

听觉

30秒大揭秘

声音的出现是因为振动以波的形式在空气中传播。听觉使你能够察觉和识别数以百万种不同的声音，例如弹奏吉他或者呼喊你的名字。

头部两侧的耳朵在听觉传导上仅起着部分作用。其实大部分主要工作都是在头颅内完成。在那里，声音会使纤薄的鼓膜发生振动。而三块细小的骨头会使振动变得更强烈，其中一块叫作镫骨，它是身体中最小的骨头，尺寸只有2.5 毫米 × 3 毫米。

随后振动传入一个被叫作耳蜗的蜗牛状结构，引起里面纤毛的振动，纤毛将振动转化为电信号。这些信号通过神经传递至大脑，使大脑去理解这些声音，并从记忆中识别它们。

两只耳朵给了你双耳听觉……这是多么幸运啊！双耳听觉使得大脑能够找出声音的来源。离声音最近的那只耳朵先探测到声音，比另一只耳朵稍早一点（可能只有几分之一秒）将信号发送到大脑。

3分钟任务

考验听觉

你需要：两个塑料漏斗或是锥形纸筒、两根30厘米长的塑料管以及胶带

1. 把管子分别绑到两个漏斗上，并轻轻将管子的末端放到你耳边。

2. 将漏斗反向交叉起来，让两个漏斗朝向相反的方向（左耳的朝向右边，右耳的朝向左边）。

3. 闭上眼睛，让你的一位朋友在你身边绕圈并叫喊你的名字。指出你觉得他所处的位置。你指对了吗？

你的交叉听觉很可能会搞错位置。

3秒钟总结

由耳朵收集到的振动以神经信号的形式被发送到大脑。

声音使鼓膜振动后转换为电信号，
然后发送给大脑加以分析
听觉神经将信号
传递给大脑
三块听小骨
将振动放大
耳蜗将振动
转换成电信号
声音沿着耳道传
播，使鼓膜振动
外耳的功能就像
漏斗一样负责收
集声音
当声源移动的时
候，大脑会一直
工作来找出它的
位置
有些声音（比如狗哨声）
的频率太高，人类听不到

视觉

30秒大揭秘

眼睛是两个充满胶冻状物质的小型球体，它们与大脑直接相连，赋予人体斑斓的世界。

光线首先穿过眼睛中起保护作用的透明穹顶（角膜）与小孔（瞳孔），然后是一块直径仅为9毫米的曲面透镜。这块透镜（也就是晶状体）将光线聚焦到眼睛后部的视网膜上，而此处含有超过1亿个特殊的神经细胞。

这些神经细胞对照射到它们身上的光线做出反应产生神经信号。信号沿着视神经到达丘脑，然后再到大脑后部的枕叶，在那里还需要做很多的工作。大脑必须要翻译所有的信号，分辨颜色以及识别物体，才能达到理解信息的目的。

因为双眼有5厘米的间距，所以每只眼睛观察同一场景时的角度都略有差别，同时它们反馈的信息流也存在细微差异。而大脑则利用这种差异来进行深度分析并从它接收到的信号里构建一个立体世界。

3分钟任务

视觉检测

您需要：纸板卷成的长管

1. 把管子举起来放在右眼上，然后用两只眼睛盯着一堵普通的墙看15秒钟。

2. 抬起一只手放在你的左眼前。看起来好像里面有个洞！这是因为你的大脑把你两只眼睛的视野处理成了一个图像。它忽略了暗管的大部分，并聚焦在长管末端的孔上，然后它与来自左眼的手的图像相融合。

3秒钟总结

光进入眼睛并让眼睛中的神经细胞向大脑发送信号。

光进入眼睛，大脑来处理信息，然后我们可以看到世界

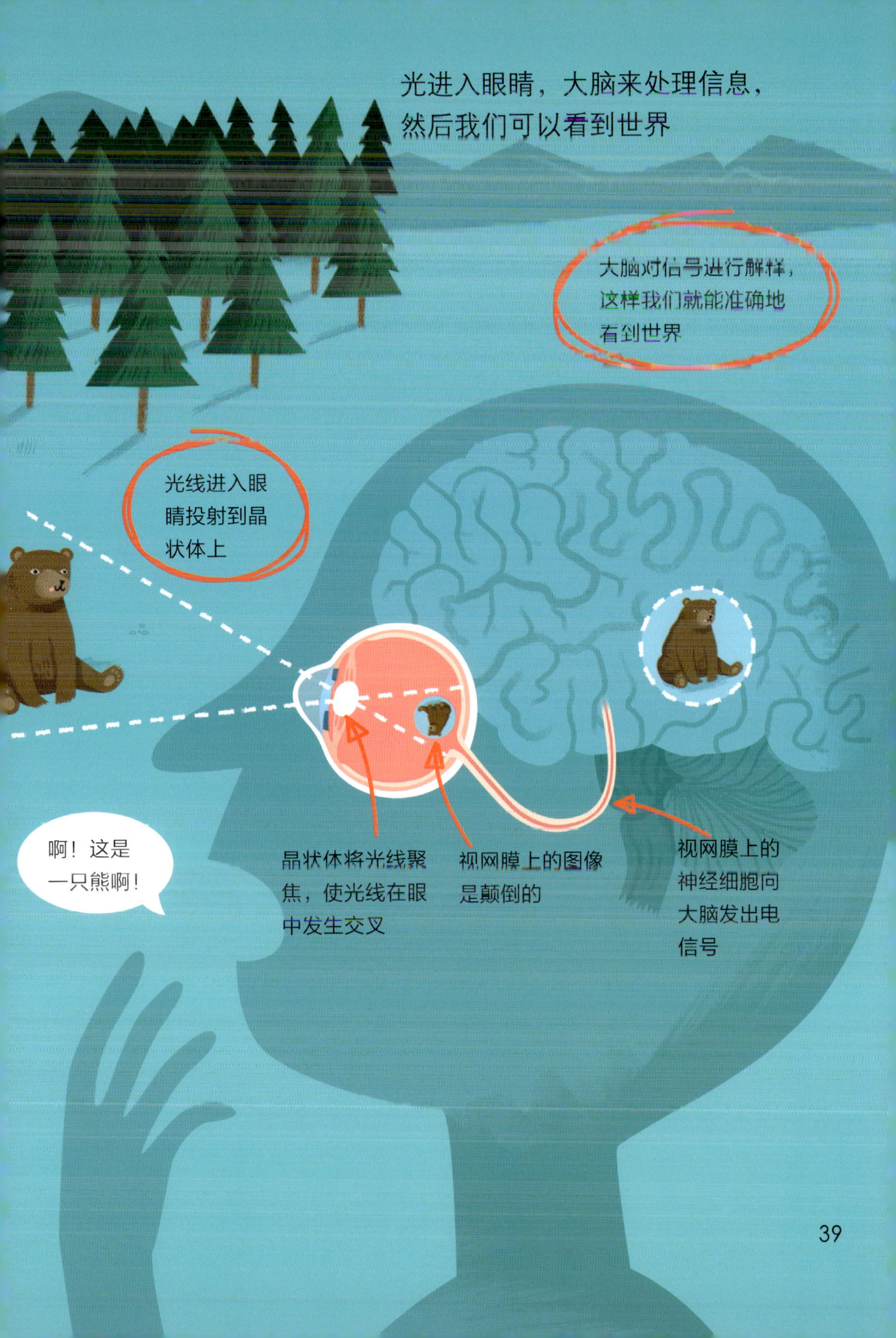

触觉与其他

30秒大揭秘

找个东西抓一下！或者轻抚、按压，或捏捏它。当皮肤接触到物体的时候，触觉就开始工作了。皮肤上分布着数以百万计的触觉感受器，在察觉到任何接触后，它们就会通过神经系统向大脑发送信号。

这些触觉感受器的分布并不均匀。背部和小腿只有很少的一些，而嘴唇和双手却到处都是这种感受器——在指尖上大约每平方厘米就有超过3 000个感受器。它们会让我们感受到振动、压力和物体的质地——从坚硬的鹅卵石到仓鼠柔软的皮毛都可以分辨出来。

皮肤上其他特殊的神经细胞会带给我们更多的感觉。温度感受器辨别冷热，而痛觉感受器能探测到疼痛。痛觉会让人察觉到危险，并告诉你身体的一部分受伤了需要引起注意，从而保护我们免受伤害。

肌肉和关节的感受细胞可以测量肌肉在某个时刻拉伸的程度以及关节的角度。这使我们获得了本体感受——它是一种不需要用眼睛看就能随时意识到身体所有部分位置的能力。

3秒钟总结

皮肤上的触觉感受器能够使人感觉到压力、质地和振动。

3分钟任务

本体感受测试

1. 伸出你的双臂，将其交叉并将两个手掌合在一起。
2. 手指交替相扣，并将其举起来置于双臂之间，以便你能看到你的指关节。
3. 请别人指一下你的某一个手指，试着去移动它。你可能会动错手指，因为大脑在努力将本体感受和视觉信号结合起来，以识别哪个指头属于哪只手。

皮肤是人体最大的感觉工具，上面布满了触觉和其他感受器

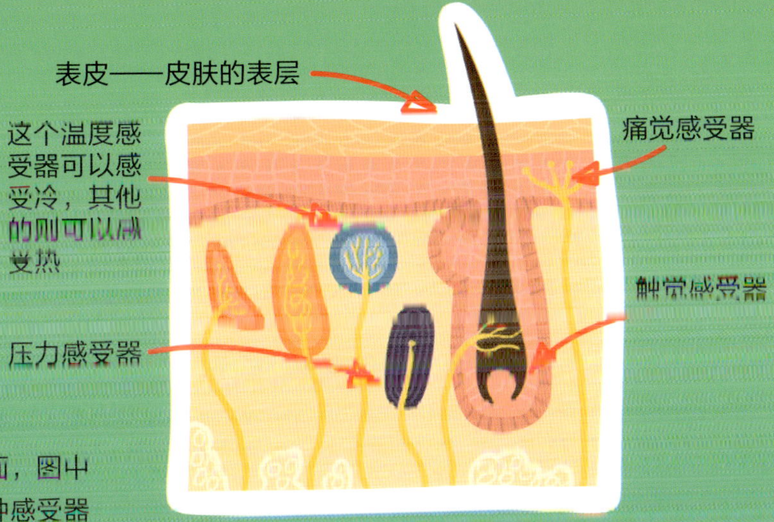

皮肤的横断面，图中显示出了各种感受器

知觉

30秒大揭秘

我们不仅是在用眼睛看，还是在用大脑看！眼睛发送到大脑的信号就像谜题的一部分，我们会把所有的信号和信息整合在一起来确定它们的含义。不仅仅是视觉，所有的感觉都是这样处理信息的。

大脑会采用各种方法来分析加工接收到的信息，而其中就包括大小的恒常性，即同样的物体看起来远小近大。

令人惊奇的是，大脑非常擅长猜谜。大部分绝妙的猜测都是准确或近乎正确，但有的时候，例如在一些视错觉的情况下，大脑也会出错。

由一种感觉发送的信息形成的感知会影响另一种感觉。某项科学研究表明，当红色食用色素（这种色素没有味道）被添加到一种透明的软饮料中时，孩子们都说红色饮料的水果味比透明的饮料更浓，尽管它们的成分其实完全相同。

3秒钟总结

知觉是脑对感官所发送过来的信息所做出的最佳解释。

3分钟任务

测试大脑

视错觉干扰了大脑对从眼睛接收到的信息做出最准确猜测的能力。它们帮助呈现出供大脑用来做出这些推测的捷径和规则。现在用下页的视错觉来检验一下你的大脑。

（答案在78页）

视错觉能够欺骗人脑，使你看到的和其本身不同

1. 你看到了什么动物？

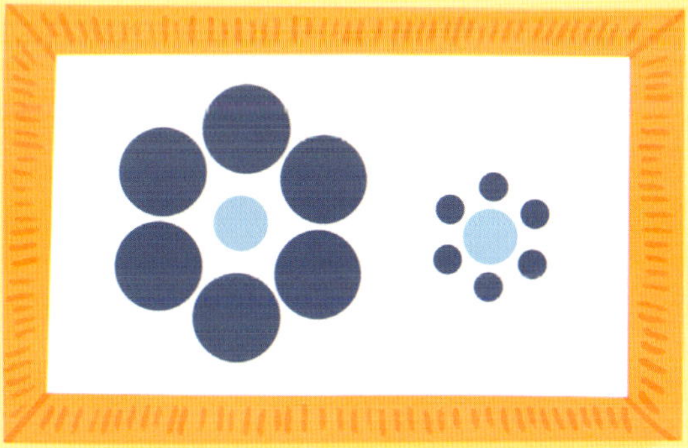

2. 画中中间的圆哪个更大？

3. 这些斜线是平行的吗？

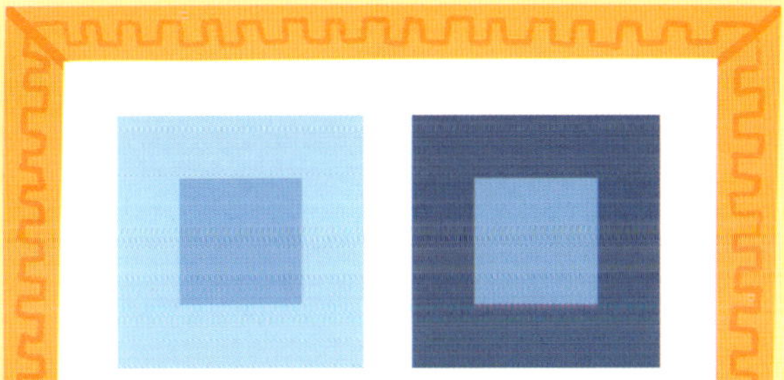

4. 图案中间的正方形哪个更亮？

选择捷径

30秒大揭秘

你那可怜而忙碌的大脑正在加班工作，以便在大量信息涌来的时候做出最佳的推测。你很难因为选择捷径或是对接收到的信息做出最简单的解释而责备它。

大脑喜欢这些模式，因为这些模式能帮助它很快地理解复杂的情境。大脑喜欢把相似的东西（比如颜色相似的点）或者距离很近的东西（比如形成电话铃声的几小段声音）组合到一起。

其实事情还远不只这些。大脑可能有点像一个损友，它总是忍不住帮你把话里的最后几个词接上。对收到的信息中的空隙，大脑会不断进行补充，例如，当你看到的只是角落里探出半个身躯的一条狗或半个车身的一辆车时，大脑就会补充出狗或汽车剩余的部分。

你可以测试大脑推测布局模式和填充形状的习惯。例如，一些视错觉诱使大脑看到不存在的物体的边缘和形状。这些被称为错觉轮廓。

3秒钟总结

在对发送过来的信息寻求简单的解决方案时，大脑会选择捷径。

幻想性错视

有时，你的大脑对布局模式会显得过于狂热。当它检测到并不真实存在的信息片段之间的模式或联系时，这种情况就被称为“幻想性错视”。例如，一些人会在所有东西中发现人脸——石头、天空中的云朵或一片面包。

大脑试图填补视觉信息的空白以理解它所看到的东西

人脑很快就感知到了一只潜行中老虎的完整图像，尽管图像的某些部分并不完整

大脑将这些形状看成是一个球上伸出来的尖刺，但是实际上并没有球，这是一个错觉轮廓图像

这种圆形和白色扁平方块的排列方式给人留下了其中有一座金字塔的印象，尽管那儿根本没有金字塔

记忆

你叫什么名字？你住在哪里？谁是你最好的朋友？意大利的首都是哪里？这些问题的答案和数以万计的重要而琐碎的事情都储存在记忆中。没有它，你就不知道你是谁，也不知道任何关于这个世界的知识。记忆给了你储存和找回一切想法、经验和知识的能力。记忆有着不同的类型，还可以使用某些特定的技术来锻炼。

记忆

30秒大揭秘

感觉记忆是最短和最快的记忆类型，它保存着感觉所收集到的信息，例如一段声音、一个视觉场景或手指触摸到了某个柔软的东西的感觉。它通常只能持续不超过半秒钟。

如果感觉记忆中的某些事情引起了大脑的兴趣，那么它会把注意力集中到这些事情上并将其传递给短时记忆。当你阅读一道数学题后面部分的时候，短时记忆就会储存问题的前面部分。没有短时记忆，你就会迷失方向。当你读到这句话的结尾时，你就会忘记它是怎么开头的！

你的短时记忆可以将5～9个条目记住20～30秒。如果大脑在这段时间里没有注意到某个条目，那么它就会从记忆中溜走，然后被遗忘。如果你的大脑专注于短时记忆中的某个条目，那么它就有可能进入长时记忆，而这是你的主要记忆存储系统。

3秒钟总结

记忆有不同类型，包括感觉、短时和长时记忆。

3分钟任务

短时记忆测试

1. 你和两个朋友共同站在一个房间里，请环顾四周30秒，尽可能多地去收集信息。
2. 然后在你离开房间的一分钟内，你的朋友要做12项改变，例如改变他们的位置、换衣服或挪动某个物件。
3. 请你回到房间里。你能发现多少改变？

一些源自感官的信息被传递到短时记忆中，然后其中的 些有可能进入长时记忆

大脑对诸如视觉、声音和气味等感觉信息，能保存大约半秒钟

大脑将一些信息在短时记忆中储存20～30秒，但剩下的就都被遗忘了

如果你去关注短时记忆中的某个条目，那么它可能会被储存在你的长时记忆中

长时记忆

30秒大揭秘

长时记忆里充满了信息。随着个体成长，它会建构成为一个令人惊叹的、装满了事实和经验的储藏室。科学家们将这些记忆划分成不同的类型。

语义记忆是关于世界的信息。它由知识和规则组成，比如了解法国在地图上的位置或者足球的规则。情景记忆就像你自己的日记，它记录了事件和个人生活记忆。程序记忆存储了关于如何做事情之类的信息，比如如何打结或仰泳。

与智能手机的存储卡或计算机的硬盘不同，这些不同的记忆并不都存储在同一个地方，它们被储存在大脑里的各个部位。

你每天多次以不同的方式接触长时记忆。当你发现一些之前就认识或体验过的东西（比如人群中的一张脸）时就会进行识别。你在没有任何来自外部世界的线索的情况下唤起记忆的过程叫作回忆，这通常比识别要难。

3分钟任务

测试回忆能力

盯着“清单1”看60秒，然后去做15分钟其他的事情。回来尽可能多地写下能回忆出的词。用“清单2”重复上述动作。清单2上的词你可能能回忆得多一些，因为它们都是物体，在你的头脑中你可以看到它们的图像。

清单1：缺席、心情、想法、友好、秘密、好、无聊、未知、值钱、时间

清单2：眼镜、伞、香蕉、老虎、火箭、电话、恐龙、信封、警官、蜜蜂

3秒钟总结

你将知识、事件和技能储存在长时记忆中。

每天你都会接触到不同类型的长时记忆

知道这棵树是橡树，以及橡树在秋天落叶是语义记忆的例子

看到冷饮摊引出你上次来时的记忆是情景记忆

骑自行车使用的是对技能的程序记忆

与头盔摄像机的那种能够精确储存图像（这种长时记忆被拍摄了下来）的长时记忆不同，当你回忆某事的时候，记忆每次都会发生变化

遗忘

30秒大揭秘

不记得事情也可能是有用的，遗忘使得大脑只去储存最重要的事实和记忆。但有时你会努力记住重要的事情，比如朋友的生日或者购物清单上的条目。

记忆有时会让你失望，其中有很多的原因。你可能没有在记忆的时候全神贯注，这意味着它没有被编码，也没有被精确地存储在你的大脑中。

干扰也会让你忘记事情，当一些记忆与其他东西竞争时就会发生这种情况。你可能会记住一个新的电脑密码而忘记旧的密码。也许你曾经去过一个地方很多次，但却记不起是在哪次去的时候碰到了你最好的朋友。

有些记忆很难被回忆，因为它们与其他事情没有什么关联。大脑喜欢在不同的信息之间建立联系，而这被称为联想。把一些新的东西和你已经知道的东西关联起来，有助于把新信息嵌入记忆中。

3秒钟总结

我们能记住一些东西而忘记其他的事情，这是有多种原因的。

3分钟任务

记忆游戏

1. 和至少两个朋友一起来做游戏，第一个人说出你度假之前可能会收进行李箱的一件东西。

2. 下一个人重复该物品并添加另一种物品。

3. 以这样的方式继续进行，每次都要重复所有以前提到的物品，并添加一个新物品，试着在这些物品之间建立联想。这能帮助你更好地记住它们吗？

忘记细节（比如购物清单上的条目）的原因可能有很多种
别玩游戏了。去买两罐番茄酱、六个面包卷和几片切片火腿
如果你没有全神贯注，信息可能就不会准确地存储在你的记忆中
你好！我要买切片奶酪、李子酱和三罐豆子
我买的是两罐李子酱、三个面包卷和切片火腿，还是切片奶酪？
新记忆可能会干扰旧记忆

记忆辅助

30秒大揭秘

除了使用联想来帮助记忆之外，你还可以使用“组块”——把长信息分解成更容易记住的、更小更零碎的片段。要更好地记住银行卡上的一长串数字，可以把它分割成更小的组块。在学习一种新技能时，也可以使用组块。网球的发球可以通过分解动作来学习，比如投球、引拍，然后挥拍向前。

你知道古希腊神话中的记忆女神吗？她叫摩涅莫绪涅（她是缪斯女神的母亲），辅助记忆术（或者说记忆术）的英文名（Mnemonics）就源自于此。记忆术是一些短语，它们能帮助你按正确的顺序来记忆事情，比如说用Never Eat Slimy Worms（永远不要吃黏糊糊的蚯蚓）来按顺时针的顺序记住方向——北、东、南和西（North，East，South和West）。另一种记忆术，“心灵手巧的妈妈刚刚为我们做了玉米饼！”（My Very Educated Mother Just Served Us Nachos!）可以帮助你按照到太阳的距离记住行星的顺序［水星（Mercury），金星（Venus），地球（Earth），火星（Mars），木星（Jupiter），土星（Saturn），天王星（Uranus），海王星（Neptune）］。看看你能否自己创建一种记忆术来记住一系列较短的信息。

3分钟任务

打造记忆宫殿

1. 建造一个记忆宫殿来帮助你记住下面的词语，想一下家里不同地方的东西来制造联想，例如，珠峰可以是楼梯，章鱼可以在浴缸里。

2. 第二天，在你的头脑中再回想一下这个记忆宫殿。你还能回忆起多少个条目？

斑马，鹰，鳄鱼，狮子，臭鼬，跑车，企鹅，香蕉，珠峰，章鱼

3秒钟总结

不同的贴士和技巧可以帮助你提高记忆力。

用组块和联想这样的技术帮助我们回忆基本信息，比如说较长的账号

情绪

除了感知外面的世界，大脑还在不断地产生情绪和感觉，比如快乐、悲伤和惊喜。情绪具有重要的作用，它可以影响你的行为。一些诸如恐惧这样的情绪，可以帮助祖先在久远的过去生存下来。而今，情绪仍然可以维护你的安全，它也会帮助形成记忆和做出决定。

情绪是什么

30秒大揭秘

许多科学家认为我们有6种基本的情绪：恐惧、愤怒、快乐、悲伤、厌恶和惊奇。它们是对个体经历所做出的反应。它们在如何理解世界与做出决策时起着重要的作用。

情绪不仅涉及头脑和思维，它们还是头脑中感知过程的身体反应。当你体验到快乐的时候，肌肉就会倾向于放松，心跳会更慢。你的大脑会意识到这些变化，并用快乐来命名这种感觉！

科学家们认为，情绪由杏仁核和大脑内部的其他区域共同触发，而它们被统称为边缘系统。情绪产生时往往不需要主动去考虑它们。它们的出现非常迅速，这样身体就可以随时采取行动，比如看到腐烂的食物后厌恶地转身离开。

当然，还有很多其他的感觉，比如骄傲、内疚和喜爱，但是这些不同于基本的情绪。它们往往不会自动发生，也并不会总涉及身体反应，在它们发生之前往往需要你去想到一些人、物或事件。

3秒钟总结

基本情绪由大脑触发，而它们可以使身体做好准备以便采取行动。

小知识

情绪与记忆

你知道强烈的情绪会影响记忆吗？例如，如果你在失去宠物时体验到悲伤，那么大脑会全神贯注并记住这一点。在之后的日子里这些记忆就会很容易详细地回忆起。当你回忆起某件很情绪化的事件时，这些往事与感受就会历历在目。

大脑触发情绪，身体通过行动做出反应

闻到腐烂的食物，可能会感到恶心，厌恶地转身离开

粗鲁的评论会让你感到愤怒，你可能会回骂

在考试中取得高分使你快乐，而且你想要重复这种体验

威胁会引起恐惧，你会做出反应来使自己不受伤害

意外的礼物带来惊喜！大脑将所有注意力集中在礼物上，以便尽可能多地获取信息

如果你觉得悲伤，那么可能会开始哭泣

战斗或逃跑

30秒大揭秘

人的主要情绪之一就是恐惧，这是身体的预警系统。这个系统会筛选出可能危及你安全的威胁，并让你做出准备和采取行动去避免伤害。

当恐惧来临时，大脑和身体都会发生变化。丘脑将感觉信号传递到杏仁核（见第11页）。杏仁核与额叶进行交流，要求它对威胁进行分析。杏仁核也给神经系统和肾上腺发出指令，让它们释放令身体发挥出更大力量的化学物质。

你的速度会变快，非常警觉。这些动作让你准备迎接一个巨大的身体挑战，比如竭尽全力逃避，或是使出全力来抵御攻击。这就叫作“战斗或逃跑”反应。过去的人们都依靠它，才得以从许多可怕的生死存亡的情景中存活下来。

现在当你做出战斗或逃跑反应时，更可能是用来避免日常生活中的危险，比如说你不会为了抄近道而穿过黑暗的小巷，或是因为看到前方有恶狗而径直向前。

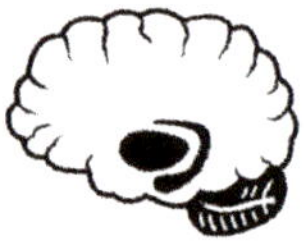

3分钟任务

现象性恐惧

对特定物体、生物或情境的极度夸张的恐惧被称为恐惧症。你能把各种恐惧症的名字与正确的描述相匹配吗？

恐惧症：幽闭恐惧症，接触恐惧症，广场恐惧症，窥镜恐惧症

害怕：开阔的空间，镜子，小而封闭的空间，被触摸

（答案在78页）

3秒钟总结

恐惧让你做好身体反应的准备，以使自己免受伤害。

当感官探测到可能的危险时，身体会做出反应并触发战斗或逃跑反应

睡眠与梦境

30秒大揭秘

你知道自己做得最多的事情是什么吗？不，不是吃东西，不是玩电脑游戏或是看电视……你做得最多的事情其实是睡觉！到21岁的时候，你的人生已经有7年在睡梦中度过。

科学家们对于研究睡眠以及其意义十分着迷。他们认为睡眠有助于节约身体所消耗的能量，使我们在一天的活动后得以休息和恢复。但是大脑从来没有完全休息过，它整个晚上都很忙碌。仪器捕捉到的脑电波显示即使我们在睡觉，大脑依然在工作。

大脑晚上都在干什么？许多科学家认为它在处理精神方面的内务——编码和链接记忆，整理当天的经历，过滤掉不必要的信息。还有一些人认为脑部的神经元可能在充电，准备迎接第二天的挑战。

睡眠可分为一系列的阶段。梦境主要发生在一个被称为“快速眼动”的阶段。科学家们不知道我们为什么会做梦，但许多科学家认为这是大脑在整理白天的经历与记忆。

3秒钟总结

当你睡觉的时候，不管是否做梦，大脑都在忙个不停。

3分钟任务

坚持写一本梦境日记

你需要：笔记本和笔

每天早晨一醒来，就记下你前一天晚上做的梦。坚持写三个星期。有没有哪些梦或是梦的某部分后来又重新出现呢？如果你所有的梦都各不相同，那么有没有共同的主题呢？

大脑在睡眠的不同阶段都一直在活跃着，每个周期持续90分钟到110分钟

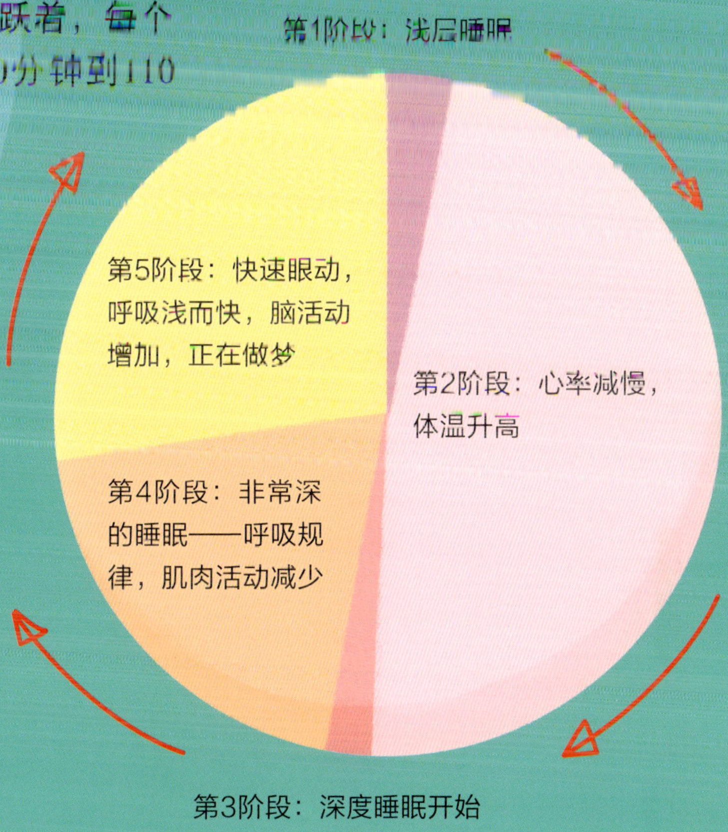

快乐的梦，可能会以夸张的形式，重演某个已经发生或是希望在未来发生的事件

大脑技能

大脑控制你的身体系统，使得你能够对意外事件做出反应，并将你以前所有的想法和经历储存在记忆中，但它提供给你的还有很多很多。大脑让你有提前计划、理解他人、与别人交流以及做出许多不同决定的能力。它也使你可以用另一种方式去想象事物，并能够对某个问题提出创造性的解决方法。

智能分类

30秒大揭秘

智能是一切关于人们如何能够学习、思考、理解某种概念、做出决定和适应周围事物的能力。智能不仅仅指的是你在学校表现的好坏，所以你可能比自己想象的还要聪明。

某些科学家将智能分为许多不同的类型。大多数人在某一方面比其他人更聪明。有些人有好的音乐智能，这是一种识别不同的声音、音符和节奏，并且很容易就能听出曲调的能力。

数学逻辑智能是处理数字、计算和方程式的能力。如果这种智能很强，你可能会擅长发现（事物或数字中的）模式以及分析部分类型的科学问题。

不是所有类型的智能都是关于音乐、数字或问题的，有些智能是和人有关的。人际智能是你理解他人，能够设身处地进行思考并成功地和他人打交道的能力。自我认知智能（内省智能）指的是你了解自己以及自己行为的原因的能力。

3秒钟总结

智能呈现出不同的形式，包括学习和理解自我和他人的能力。

3分钟任务

数学谜题

通过尝试解决这个棘手的数学谜题测试你的数学智能。

使用数字1、2、3、4、5和6来填下面的数学算式中的6个空。每个数字你只能使用一次。要确保算式的结果是正确的！

___ ÷ _=__

（答案在78页）

不同类型的智能使得人们在不同的方面各有专长

能够玩杂技的人表现出超强的身体运动智能——控制他们的身体和协调其他部分的运动的能力

成为一个优秀的销售人员，能很好地与人交往，需要良好的人际智能

使用数学智能来解决这个难题

研究前两台天平，看看放几个苹果能让第三台天平保持平衡。

（答案在78页）

语言智能

30秒大揭秘

许多生物通过声音或其他信号互相交流，但我们学习和使用复杂的、有着大量词汇和意义的语言的能力，似乎可以使我们与其他动物有所不同。

语言智能使得我们能够非常详细地描述自身的思维、想法和经历，并轻而易举地去传递这些信息。我们可以从口头指令（说话）、书面语言和手势、杂志或网页中的视觉信息中学到东西。

如果你有很好的语言智能，那么就能够很容易去理解这些信息并通过写作和演讲来清楚地表达你的观点。你的词汇量会很大——所谓词汇量就是你知道、理解和使用的一整套词汇。当你思考要说什么或写什么的时候，你的大脑会在存储于你记忆中的词汇里挑选出可以恰当表达意义的词语。

当你还是一个幼儿（1岁到3岁）的时候，你可能大概只有100个到200个的词汇量。在这个年龄段，大脑会非常善于接受新的词。到你上中学的时候，你可能就会拥有10 000个到15 000个词汇量了。太神奇了……太棒了……太了不起了！

3秒钟总结

语言是一种通过说话、书写或符号与他人交流的系统。

3分钟任务

文字谜题

在每一行中找出不合群的词，并解释为什么。

1. 踢，弹，推，跳，缝，房梁，跑，拉

2. 闪闪发光，晶莹剔透，参差不齐，挖掘，丑陋的，毛茸茸的，肮脏的，狭窄的

3. 危险的，有风险的，冒险的，安全的，致命的，威胁的，不安全的

（答案在78页）

语言可以是口头的、视觉上的和书面的，也可以是手势，它让我们可以表达想法和经历

人在幼儿时期就会开始学习说话

动物之间也会互相交流

书面语言使得想法和观念可以一代代传递下去

地图是一种视觉语言，通常伴有说明性的文字

我们用很多手势和表情来交流

视觉空间智能

30秒大揭秘

视觉空间智能帮助我们理解和使用大脑接收到的视觉信息。我们每天都要依赖它——从判断另一个房间里的某个东西是否能装进某个盒子到在一所新教学楼里辨识路线。

有些人有着超凡的视觉空间智能。他们可能：

- 擅长解决诸如拼图玩具和迷宫之类的视觉方面的难题。
- 具备理解和解释图形、图表和图片的能力。
- 擅长看地图、寻找方位和方向。
- 非常善于观察并能迅速注意到方位和人的视觉变化。
- 空间感知力——能够看到并处理三维的空间、物体和距离。
- 擅长绘画、雕塑和工程制图。

设计师、建筑师、工程师和勘察犯罪现场的警察也要借助他们的能力来进行与视觉相关的工作。许多运动员也需要判断他们周围的空间和其他运动员的位置。

3秒钟总结

判断距离、形状、物体和图像是视觉空间智能的一部分。

3分钟任务

图形配对

看下面一行的6个圆圈。如果不动手去翻转，你是否能找出A－E中哪一个和左边的那个圆圈相同？

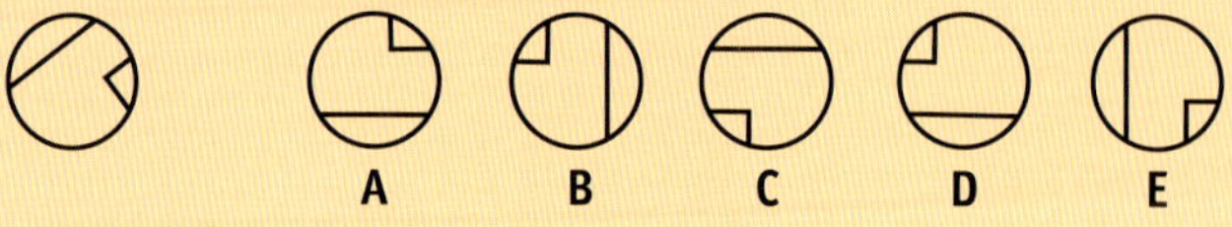

（答案在78页）

良好的视觉空间智能使你能够找到周围的路，判断运动和距离，并在大脑中从不同角度来看待物体

测试大脑从不同角度观看三维物体的能力

哪两个物体完全相同？

（答案在78页）

运动员经常需要了解其他运动员，以及其身边足球不断变化的位置和运动

逻辑与解决问题

30秒大揭秘

大脑每天都解决各种问题，做着许多决定，从计算数学算式到决定穿什么，它使用各种工具来执行这些任务，包括被称为逻辑的思维方式。

大约900年前，一个叫伊本·路世德的学者称逻辑学是某种“辨别真伪的工具”。众所周知，大脑使用逻辑来理解不同信息片段之间的关联。每次你在计算诸如56－18=38的数学算式的时候都在使用逻辑。

推理是一种思维系统，它利用逻辑从已知的事实中得出结论。一次被称为“演绎法”的简单推理可能涉及两个事实：“所有的鸟类都有翅膀”和“企鹅是一种鸟类”。从这两个事实中，你可以得出一个正确的结论：企鹅是有翅膀的。然而，演绎法只有在前面的事实正确的时候才行得通！

逻辑和情绪经常被一起用来做出决定。情绪可能会影响你选择可以增加你幸福感或是减少恐惧的那些决定，比如选择最安全而不是路途最短的回家方式。

$$x=\sqrt{\frac{3a(2-b)}{x+4}}$$

3分钟任务

解出难题

逻辑难题可以拓展和测试你的推理能力和逻辑思维能力。这里有两个难题需要你来解决。

1. 你能否在一个3×3的方格内放6个“十”字，并且不能有任何3个“十”字连成一线？

2. 你如何在只切三刀的情况下把一块圆形的生日蛋糕分成大小一样的8份？

（答案在78页）

3秒钟总结

在情绪的协助下，逻辑帮你解决问题并做出决定。

我们用逻辑和情绪来做出决定，就像这个男孩决定走哪条路回家

创造力与发明

30秒大揭秘

你能感觉到创造力吗？当你做出了一些新的东西或者搞出了一些你独有的、与众不同的东西，你都是在展现大脑不可思议的创造力。

创造力是一种神秘的东西。科学家们认为大脑中没有哪个区域能产生所有聪明、荒诞和古怪的想法。相反，创造力涉及大脑许多区域，它们可以将想法、思维和记忆联系在一起，这样你就可以创作出新的或与众不同的东西。

创造技能在艺术中具有举足轻重的作用，从写诗、写音乐作品到创作雕塑。而它们在科学、商业和工程方面也至关重要。众所周知，许多有价值的发明都源自发明家思维火花的迸发。例如，20世纪30年代，16岁的乔治·尼森从弯曲的稻草获得灵感发明了蹦床。

如何提高自己的创造力？提高创造力有很多不同的方式。一些思想伟人（例如科学家达尔文）发现他们在外面散步的时候最有创造力，因为这时候不容易分心；伟大的物理学家阿尔伯特·爱因斯坦说他的一些最好的想法都源自其梦境。还有一些人认为将想法视觉化并画出草图很有帮助。

3分钟任务

发挥创造力！

你需要：若干小盒子、纸夹、橡皮筋、吸管、细绳和一团可塑形的黏土

你自己或者和朋友一起，看看能用这些东西做出来什么。然后，想象一下，如果你手里有很多这些东西，你还能做些什么？

3秒钟总结

创造力是创造新事物或得出新想法的能力。

当人脑不同区域的信息以产生新想法的方式连接到一起时就产生了创造力

将通常没什么联系的事物放在一起，有时候会产生新的发明或是做事的新方法

创造力在科技领域与艺术领域一样重要

创立一个新的想法只是个开始，你可能需要耐心和大量的努力才能成功

并非所有的想法都行之有效。在19世纪80年代，美国发明家爱迪生发明了一种用混凝土做的沙发，但它并没有得到广泛认可

人工智能

30秒大揭秘

机器能造得像人一样聪明吗？这是人工智能（AI）的目标。人工智能这门科学旨在发明一种机器或者计算机软件，这种东西（比如某种机器人）有很强的智能，可以像人类一样学习、做事情和适应环境。

人工智能已经取得了进展。有些电脑可以超越人类，但通常只局限于执行一项任务。国际象棋世界冠军卡斯帕罗夫在1997年被计算机“深蓝”打败；2011年，IBM开发的计算机“沃森”在美国的一款智力竞答节目《危险边缘！》中击败了人类的冠军。

在某些方面，大脑就像一台电脑。它的运行需要能量，它使用微小的电信号在不同区域之间进行沟通，它将信息存储在记忆单元中。就像电脑一样，大脑接收数据、处理数据并使得事情顺利进行。

但是在其他的一些方面，人类大脑要高明许多。它更加灵活，可以执行许多不同类型的工作，并且可以自己思考。大脑赋予你一种解决问题的想象力和创造力，并不断自发地重新编程。到目前为止，没有任何一种机器或设备能够达到像我们聪明的大脑所具备的能力和技能。

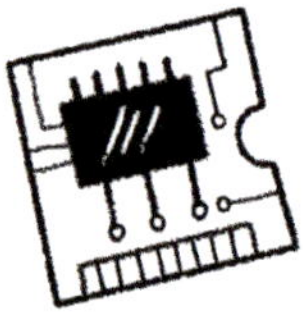

3秒钟总结

人工智能的目标是生产出和人类一样灵活、具有创造性智能的机器。

小知识

机器人的奇迹

机器人是一些神奇的机器。许多机器人都能够在无人监督的情况下持续工作。一些机器人已经能潜入海洋深处，爬入火山口或是探索太空。许多机器人可以感知到周围环境并据此改变它们的行为，但是现今的机器人还要依赖人们先用指令对其进行编程。

科学家可以创造出能够学习和执行任务的智能机器人，但它们工作起来与真正的人类还是有很大的不同

人类的大脑更善于理解外部世界并产生新的想法

大脑的能效很高，它消耗的能量只相当于一只12瓦灯泡的能量，而IBM的计算机“沃森”则需要使用90 000瓦能量

机器人非常擅长精确地反复执行同一任务

富有创造力和想象力的大脑使你能够想出许多新主意和做事的新方法

☆ 小问题答案 ☆

第8页 鸡蛋脑袋

在盛了水的容器中鸡蛋能够幸存下来，因为水保护了它。

第42页 测试大脑

1. 一只兔子或一只鸭子。你的头脑能以两种方式来解释这个图像所包含的信息。
2. 中间的两个圆一样大。你对左边圆的感知受到了它周围的大圆的影响，这使你的大脑认为它更小一些。
3. 这些斜线是平行的，你的头脑被误导了，以至于它认为这些线都是彼此向外偏离的。
4. 它们的颜色是一样的。深色的边界会影响你的头脑，使其认为右手边的正方形的颜色更亮、更浅。

第60页 现象性恐惧

幽闭恐惧症：恐惧小而封闭的空间

接触恐惧症：恐惧被触摸

广场恐惧症：恐惧开阔的空间

窥镜恐惧症：恐惧镜子

第66页 数学谜题

162 ÷ 3 = 54

第67页 智能分类

1个菠萝的重量 = 2个香蕉

1个香蕉的重量 = 2个苹果

所以1个菠萝+ 1个香蕉= 6个苹果

菠萝 = 4，香蕉 = 2，苹果 = 1

第68页 文字谜题

1. 房梁。它是一个名词（命名某物的词），而其他的都是动词。
2. 挖掘。它是一个动词（描述做什么的词），其他的都是形容词。
3. 安全的。它是列表中其他词的反义词，与其他词的意义都相反。

第70页 图形配对

D

第71页 视觉空间智能

A和C

第72页 解出难题

1. 右图是一种可能：

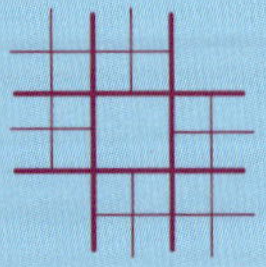

2. 从蛋糕侧面横着切一刀，然后再从上面切一个十字。